Les sens de la peine

BIBLIOTHÈQUES DE DROIT

COLLECTION FONDÉE ET DIRIGÉE PAR JEAN-PAUL CÉRÉ

Cette collection a pour vocation d'assurer la diffusion d'ouvrages scientifiques sur des thèmes d'actualité ou sur des sujets peu explorés dans le domaine des sciences juridiques. Elle se destine notamment à la publication de travaux de jeunes chercheurs.

Dernières parutions :

E. MANGIN, L'univers carcéral, la mère détenue et son enfant

P. LAURENT, L'incohérence des lois de circonstances en matière pénale

P. GOASDOU, L'impartialité du ministère public

M. GERMAIN, Essai sur l'influence du pédophile à l'égard du silence des tiers

F. LOUISE, Droit de grâce sous la Ve République

C. MORALES, Le droit animal

C. MENABE et M. MARTINELLE (dir.), L'enfant en prison

Y. JEANNERET, A. KUHN et B. LAPEROU-SCHENEIDER, Droit pénal français et droit pénal suisse

B. BARRAUD, Le pragmatisme juridique

N. LORY, La saisie pénale des biens incorporels

M. PERRIN, Le statut pénal de l'animal

A. TATARINOFF, Génocide et crimes de masse (1933-1946)

P. ROUSSEAU, Autonomie personnelle et droit pénal

BIBLIOTHÈQUE DE *DROIT PENAL*

Hugo CAPPADORO

LES SENS DE LA PEINE

Préface de Muriel Giacopelli

L'Harmattan

5-7, rue de l'École-Polytechnique ; 75005 Paris

http://www.editions-harmattan.fr

ISBN : 978-2-343-16461-8

EAN : 9782343164618

L'auteur tient à remercier tous ceux qui, de près ou de loin, ont accompagné ses réflexions autour des sens de la pénalité.

L'expression de sa gratitude s'adresse tout particulièrement à Madame le Professeur Muriel Giacopelli, Directrice du mémoire dont la présente publication est issue, qui l'a encadré avec bienveillance dans ce travail de recherche et qui lui a fait l'honneur de rédiger la préface de cet ouvrage.

Sa reconnaissance s'adresse également à Monsieur le Professeur Jean-Baptiste Perrier, Directeur du Master 2 « Lutte contre l'insécurité » de la Faculté de droit d'Aix-en-Provence, sans qui la publication de ce travail n'aurait sans doute pas été possible. La qualité de ses enseignements et son investissement au sein de la formation qu'il dirige ont grandement participé à l'appétence qu'a aujourd'hui l'auteur pour la matière pénale.

Enfin, l'auteur ne saurait éluder le rôle essentiel qu'ont joué auprès de lui sa famille, ses proches et ses amis. Leur soutien sans faille y est pour beaucoup dans la réalisation de ce travail.

Principales abréviations

AJ pénal	Actualité juridique pénal
Bull. crim	Bulletin des arrêts de la Chambre criminelle
Cass. crim	Chambre criminelle de la Cour de cassation
CEDH	Cour européenne des droits de l'Homme
CESDH	Convention européenne des droits de l'Homme
Cons. const	Conseil constitutionnel
CNCDH	Commission nationale consultative des droits de l'Homme
CP	Code pénal
CPP	Code de procédure pénale
D.	Recueil Dalloz
DDHC	Déclaration des droits de l'Homme et du Citoyen
Dr. pén.	Revue de droit pénal
Ed	édition
Gaz. Pal	Gazette du Palais
IFJR	Institut français pour la Justice restaurative
JAP	Juge de l'application des peines
JORF	Journal Officiel de la République française
JCP G	La Semaine juridique, édition générale
JUDEVI	Juge délégué aux victimes
P, pp	page(s)
QPC	Question prioritaire de constitutionnalité
RDPC	Revue de droit pénal et de criminologie
RPDP	Revue pénitentiaire et de droit pénal
RSC	Revue de science criminelle et de droit pénal comparé
SFOIP	Section française de l'Observatoire international des prisons
SPIP	Services pénitentiaires d'insertion et de probation
S	suivant
T.	tome
V	voir

Préface

Il est des sujets ambitieux dont on se dit qu'il s'agit, de prime abord, *a fortiori* pour un étudiant de Master 2 qui se confronte pour la première fois à un travail de recherche, d'un cadeau empoisonné. Issu du Master 2 « Lutte contre l'insécurité » sous la responsabilité du Professeur Jean-Baptiste Perrier, Hugo Cappadoro, avec la fougue qui caractérise la jeunesse, a su me convaincre de diriger son mémoire portant sur « les sens de la peine ». Pour quiconque s'intéresse au droit de la peine, on ne peut rester insensible à un tel sujet, qui est à la fois intemporel et d'une actualité législative récente. Ce sont tout d'abord les grands auteurs du passé qui ont abordé le sens de la peine par le prisme des fonctions et des finalités de la peine. Entre le juste et l'utile, le sens de la peine se trouve au carrefour du droit, de la philosophie, de la sociologie et de la criminologie. Les regrettés Michel van de Kerchove et Raymond Gassin ont su pointer la dimension symbolique de la peine, ses représentations. Si le sens de la peine est un questionnement aussi ancien que la philosophie, ce n'est toutefois que récemment que le législateur s'est emparé de la question.

En effet, il a fallu attendre la seconde moitié du XXème siècle pour que, timidement, le législateur assigne les premiers objectifs à la peine, avant de consacrer expressément, dans un texte issu de la loi du 15 août 2014, sous les dispositions uniques de l'article 130-1 du Code pénal, les fonctions et les finalités de la peine. Non point qu'il n'existât pas de textes précédemment consacrés aux fonctions et finalités de la peine, mais ceux-ci restaient éparpillés dans le Code pénal et le Code de procédure pénale. Pour quelle(s) raison(s) le législateur contemporain a-t-il ressenti un besoin de consacrer les fonctions et les finalités de la peine sous un texte unique ? La peine avait-elle perdu son sens, qu'il faille ainsi le rappeler, alors que le Code pénal de 1992 avait justement refusé de trancher ?

La justice pénale a connu des mutations et des transformations, avec l'émergence de nouvelles formes de justice comme la justice négociée ou restaurative, ou de nouvelles formes de criminalité liée au terrorisme, qui ont brouillé la réponse à la question du sens de la peine. Tout se passe comme si la peine avait perdu son cap. Aux interrogations « qui punir », « comment punir », la pénalité moderne préfère le « pourquoi punir ? ». Dans un État de droit, la peine a en effet besoin d'être justifiée, d'être rattachée à un ensemble de discours et de valeurs qui lui donne un sens. Il faut que la peine fasse sens pour le condamné à qui elle s'applique, pour la société qui la réclame, mais également pour tous les acteurs de la chaîne pénale comme le juge qui la prononce ou encore la victime qui l'espère.

C'est ainsi, non sans un soupçon d'inconscience et une importante dose de courage, que Hugo Cappadoro s'est emparé du « sens de la peine ». Tout au long de son mémoire, il propose une réflexion originale sur le sens de la peine qu'il explore, dans une première partie (I), à partir de l'orientation de la peine puis, dans une seconde partie (II), selon les représentations de la peine pour ses différents protagonistes, qu'il s'agisse du condamné, de la société et la victime. Au sens idéal de la peine, il oppose le sens réel de la peine, non comme une affirmation mais comme le prolongement d'un questionnement. Hugo Cappadoro n'hésite pas à donner son point de vue critique sur le sens textuel de la peine, en droit positif. Comme si l'écart s'était creusé entre le discours légal et la perception de la peine par ses acteurs. Il souligne, dans un premier temps, la perte de sens de la peine d'emprisonnement pour le condamné et l'existence de distorsions, entre la peine prononcée et la peine exécutée, incomprises de l'opinion publique, et met, dans un second temps, l'accent sur une transformation de la peine consistant en sa privatisation.

Quelle que soit l'opinion du lecteur, c'est assurément une réflexion très utile, que nous propose Hugo Cappadoro, faisant écho, de manière prémonitoire, au projet de programmation de la justice 2018-2022 en cours de discussion. Dans sa partie consacrée au droit de la peine, n'est-il pas question de refondation de la peine et de son exécution en vue de restaurer son sens perdu ?

Muriel GIACOPELLI

Professeur à Aix-Marseille Université

Directrice honoraire de l'ISPEC

Directrice du Master 2 « Droit de l'exécution des peines »

Introduction

« Le sens des peines a été à lui seul dans l'Histoire un formidable révélateur politique. Apparaissant çà et là en positif ou en négatif, il a suivi l'évolution de la législation, ainsi que les contradictions de son application. Il est surtout un outil de mesure des tensions sociales, des résistances et des impuissances : [...] les objectifs et les pratiques se rejoignent ou se tournent le dos, trahissent une succession d'hésitations idéologiques[1] ».

C'est ainsi que le compositeur de musique contemporaine Nicolas Frize, dont les activités musicales l'ont amené à s'intéresser à l'univers carcéral, traduit toute la difficulté mais également tout le besoin des penseurs et acteurs de la pénalité moderne d'apporter une raison d'être à la peine. Il n'est sans doute pas anodin qu'une retranscription aussi accomplie de la complexité que présente le sens de la peine soit l'œuvre d'un musicien. En effet, celui-ci a ce talent qui consiste à combiner les sons et silences pour faire une mélodie et cela ne s'éloigne pas de la recherche et de l'analyse des sons et silences de la peine.

Les questionnements autour du sens de la peine sont anciens car ils font appel à des fondements aussi primitifs que la vengeance. Toutefois, c'est réellement à partir du siècle des Lumières, là où l'on a pu commencer à parler de « pensée pénale moderne », que les théoriciens pénaux ont édifié des modèles destinés à donner du sens à la pénalité notamment

---

1 FRIZE (N.), *Le sens de la peine. État de l'idéologie carcérale*, Paris, Ed. Leo Scheer, 2004, p. 13.

pour le condamné, la société, la victime, le législateur et le juge.

Depuis lors, les conceptions et modèles philosophiques de la peine se confrontent aux pratiques faites au sein de l'institution pénale, et de cet ensemble disparate, le sens de la peine semble être insaisissable. Cela peut également s'expliquer par les contradictions de la pénalité moderne.

De fait, bien qu'il soit fort possible que le questionnement sur le sens de la peine ait précédé celui sur la peine elle-même, il nous faut nous pencher sur la notion de peine et tenter d'en définir la nature et d'en délimiter les contours (**I**) si nous souhaitons en comprendre les sens (**II**).

I. La notion de peine

Ainsi, le terme *peine* vient du grec « *poiné* » ou « *poinè* » selon différentes transpositions, ainsi que du latin « *poena* ». Il désignerait ainsi le « prix d'un meurtre » ou le « prix du sang ». D'autres significations font de la peine une « rançon destinée à racheter un meurtre », une « expiation », une « vengeance » ou un « châtiment ». « La *poiné* est le châtiment et la réparation dus pour la violation du serment. Les formes comparables, hors du grec, [...] se rapportent toutes à la punition : c'est le cas du latin "*poena*", terme du droit criminel, emprunt ancien à la forme "*poina*" [...][2] » précise ainsi *Le vocabulaire des institutions indo-européennes.*

Ici, ce sont donc deux notions de la peine qui sont présentées à travers les origines étymologiques du terme : la sanction et la réparation. Quand bien même il semble que la réparation soit acquise par la sanction, selon une conception vindicative de la peine ancienne, la peine a plusieurs origines

2 BENVENISTE (E.), *Le vocabulaire des institutions indo-européennes, Pouvoir, droit, religion*, t. 2, Paris, Ed. De Minuit, 1969, p. 55.

étymologiques qui renvoient à différents fondements, ce qui complexifie encore davantage sa compréhension.

Au regard d'une définition de la peine moderne, peut-être pourrions-nous identifier sa nature et ses contours. Si l'on s'en tient au *Vocabulaire juridique* de Gérard Cornu, la peine est définie comme « le châtiment édicté par la loi à l'effet de prévenir et, s'il y a lieu, de réprimer l'atteinte à l'ordre social qualifiée d'infraction[3] ». Plusieurs éléments de cette définition permettent ainsi de déterminer ce qu'est une peine aujourd'hui.

Cette définition renvoie tout d'abord à différentes caractéristiques de la peine.

Ainsi, l'un des caractères les plus fondamentaux de la peine est sa légalité, issue du principe de légalité des délits et des peines, proposé par le juriste italien Beccaria[4]. Le critère essentiel de la peine est la loi : ce qui fait une peine est sa consécration dans la loi[5].

Le principe de légalité est inscrit à l'article 8 de la Déclaration des droits de l'Homme et du citoyen de 1789 (DDHC) qui dispose que « la Loi ne doit établir que des peines strictement et évidemment nécessaires, et nul ne peut être puni qu'en vertu d'une Loi établie et promulguée antérieurement au délit, et légalement appliquée ». Le principe de légalité criminelle a donc d'autres incidences. Un comportement ne pourra être qualifié d'infractionnel, et dès lors être punissable, que si un texte le prévoyait antérieurement à la commission dudit acte infractionnel, de la même manière que la durée d'une peine doit être strictement fixée par la loi. L'article 8 de la DDHC prévoit également

---

3 CORNU (G.), ASSOCIATION HENRI CAPITANT (sous la direction de), *Vocabulaire juridique*, Paris, PUF, 12ème éd., 2017, p. 751

4 BECCARIA (C.), *Des délits et des peines*, Paris, ENS Ed., 2009.

5 GARÇON (E.), PELTIER (V.), *Droit de la peine*, Paris, Litec, 2010, p. 26.

d'autres caractères attachés à la peine, à savoir sa stricte et évidente nécessité, ainsi que sa proportionnalité. Si ces deux principes peuvent puiser leur origine dans ledit article, c'est avant tout la jurisprudence du Conseil constitutionnel qui y fait référence et qui a consacré leurs forces respectives[6].

La légalité criminelle est aussi à mettre en corrélation avec le principe d'égalité de la peine qui indique que, la loi étant la même pour tous les citoyens, la peine doit l'être tout autant, sous réserve que celle-ci soit adaptée à la personnalité du délinquant ou que l'individu puisse être jugé responsable de ses actes. Ainsi, seule la peine encourue est véritablement identique pour tous tandis que la peine prononcée et la peine exécutée pourront faire l'objet d'adaptation. Il s'agit du principe hautement important aujourd'hui de personnalisation de la peine, ou devrait-on dire d'*individualisation*, au regard de la formulation utilisée dans les derniers textes pénaux.

Un autre caractère fondamental de la peine repose sur sa personnalité. Toute peine est personnelle mais il ne faut toutefois pas confondre ce principe avec celui de personnalisation ou d'individualisation de la peine. Une peine personnelle signifie que l'on ne peut pas condamner un individu pour une infraction qu'il n'a pas commise. Seul l'infracteur reconnu en tant que tel est punissable.

Aussi, si la peine présente des caractères permettant de préciser sa nature, elle revêt également des fonctions et poursuit certaines finalités.

---

6 Conseil constitutionnel, 16 juillet 1996, n° 96-377 DC, *Loi tendant à renforcer la répression du terrorisme et des atteintes aux personnes dépositaires de l'autorité publique ou chargées d'une mission de service public et comportant des dispositions relatives à la police judiciaire*, JORF n° 170 du 23 juillet 1996, p. 11108 ; *D.* 1997.69, note Mercuzot ; *JCP* 1996. II. 22709, note Nguyen Van Tuong. – Richard, article préc., *Gaz. Pal.* 1997. 1. Doctr. 363.

La question des fonctions et finalités de la peine est essentielle, puisque, nous le verrons, elle concerne directement les sens de la peine.

Il importe que nous effectuions une distinction entre ces deux notions communément confondues. En effet, dans les théories de la peine d'hier et d'aujourd'hui, comme dans la loi, des confusions ont souvent lieu entre ces deux termes qui ont pourtant des significations tout à fait différentes.

Le terme *fonction* renvoie à un « service d'un but supérieur et commun[7] », ou est « parfois synonyme plus vaguement de *mission*[8] ». Le *Littré* parle « d'action propre à chaque emploi[9] ». Pour le Professeur Michel van de Kerchove, la fonction de la peine « se distingue de ses objectifs [...] par le fait qu'elle ne désigne pas un idéal poursuivi, mais un rôle effectivement rempli[10] ». Il ajoute également une distinction partielle s'agissant des effets de la peine « à la fois par le fait que la fonction se réfère à un rôle caractéristique et essentiel de la peine, par le fait qu'elle désigne un rôle auquel elle semble particulièrement adaptée, et enfin par le fait qu'elle se réfère à un rôle répondant positivement aux exigences du système auquel elle appartient[11] ». Les fonctions traduisent donc ce à quoi la peine sert.

Quant au terme *finalité*, il s'agit de « ce à quoi est ordonnée une action et l'action d'y tendre ; ce qu'il s'agit d'obtenir ; ce

---

7 CORNU (G.), ASSOCIATION HENRI CAPITANT (sous la direction de), *Vocabulaire juridique*, Paris, PUF, 12ème éd., 2017, p. 465.

8 *Ibid.*

9 PRUVOST (J.) (sous la direction scientifique de), BLUM (C.) (sous la direction générale de), *Le nouveau Littré*, Paris, Ed. Garnier, 2004, p. 581.

10 VAN DE KERCHOVE (M.), « Les fonctions de la sanction pénale - Entre droit et philosophie », *Informations sociales*, 2005/7, n° 127, p. 24.

11 *Ibid.*

qui est attendu d'une entreprise pour finir[12] », du « critère important pour juger de l'orientation, des tendances, de la nature et de la valeur d'une réforme, d'une opération commerciale, d'un montage financier, de toute activité consciente et organisée[13] ». Les finalités traduisent ainsi ce vers quoi la peine tend.

Aussi, il nous faut présenter succinctement les fonctions et finalités traditionnelles de la peine, et les approfondir respectivement dans les développements de la présente réflexion.

S'agissant des fonctions de la peine, certaines ont été classiquement reconnues comme telles, par la doctrine ou le législateur, tandis que d'autres fonctions, nouvelles, se révèlent et interrogent.

Si la peine est qualifiée de « châtiment » c'est parce qu'elle est à la fois afflictive et infamante, ce qui renvoie à l'une des premières fonctions de la peine, à savoir la rétribution. La peine est afflictive, en ce qu'elle impose une souffrance à l'auteur d'une infraction, dans sa liberté, ses droits ou son patrimoine, et infamante car elle en appelle à la réprobation générale de la société envers l'individu condamné, ce qui se fait notamment aujourd'hui par la publicité de la décision judiciaire rendue. Elle impose donc « une souffrance qui varie au gré des sanctions, elles-mêmes fluctuantes en fonction de la gravité de l'infraction commise[14] ».

À la différence de la fonction rétributive tournée vers le passé infractionnel, la peine comporte également une fonction devenue primordiale aujourd'hui, celle de resocialisation, tournée vers l'avenir du délinquant. Renforcée

---

12 CORNU (G.), ASSOCIATION HENRI CAPITANT (sous la direction de), *op. cit.*, p. 461.

13 *Ibid.*

14 GARÇON (E.), PELTIER (V.), *op. cit.*, p. 2.

aujourd'hui par le principe d'individualisation, la resocialisation du délinquant doit être permise par une peine adaptée à sa personnalité et à sa situation matérielle, familiale et professionnelle. La peine doit ainsi être utile pour le condamné et lui permettre de se réinsérer dans la société une fois celle-ci effectuée.

Cette fonction humaniste de la peine est aujourd'hui l'une des clés de voûte de notre système répressif, notamment sous l'influence de la pensée du magistrat Marc Ancel, pilier du mouvement de défense sociale nouvelle.

La fonction d'intimidation de la peine fait également partie des fonctions essentielles de la peine. Les théories classiques de la peine ont considérablement développé cette fonction de la peine, notamment sous la plume de Beccaria et Bentham. L'auteur britannique affirmera ainsi que « le but principal des peines, c'est de prévenir des délits semblables[15] ». Aujourd'hui, cette fonction est scindée en deux avec d'une part, la dissuasion générale, applicable à tout individu dans une société et d'autre part, la dissuasion spéciale qui s'adresse aux individus déjà condamnés afin qu'ils ne réitèrent pas leur comportement infractionnel.

Une fonction neutralisatrice ou éliminatrice est également reconnue à la peine, même si la neutralisation est aujourd'hui relative, limitée dans le temps et l'espace, puisque la peine capitale n'existe plus en France et que la peine de réclusion criminelle à perpétuité n'est plus réellement mise en œuvre. Toutefois, la neutralisation des condamnés par la peine se poursuit bel et bien aujourd'hui, notamment par la peine privative de liberté qui sépare les condamnés du reste de la société.

---

15 BENTHAM (J.), « Principes du code pénal », in *Œuvres de Jérémie Bentham, jurisconsulte anglais*, Ed. E. Dumont, t. I, Bruxelles, Coster et Cie, 1829, p. 143.

S'il est vrai que cette fonction est traditionnellement reconnue à la peine, il faut néanmoins reconnaître qu'elle fait appel à des notions positivistes, c'est-à-dire de l'école doctrinale italienne se fondant sur la dangerosité des délinquants. Dès lors, cette fonction revêt une certaine forme d'ambiguïté puisqu'il ne s'agit plus tout à fait de peine, au sens strict et moderne du terme.

D'autres fonctions tendent à se développer et c'est notamment le cas de la fonction réparatrice de la peine qui peut être illustrée par la création de la sanction-réparation à l'article 131-8-1 du Code pénal. Cette fonction fait également écho au développement de la justice restaurative en France.

S'agissant des finalités de la peine, elles dépendent globalement des différentes représentations de la peine que véhicule un État de droit et des différents objectifs de la politique pénale de cet État, dans des lieux et époques spécifiques. Aujourd'hui, en France, les finalités de la peine se rattachent essentiellement à la prévention de la récidive, à la protection de la société et à la restauration de l'état social existant antérieurement à la commission de l'infraction. La peine se donne ainsi pour finalité générale de concilier les intérêts de la société, du condamné et de la victime.

Ainsi, au regard des caractères, fonctions et finalités de la peine, il devrait être possible d'établir des critères intrinsèques à la peine. Didier Fassin retranscrit l'un des discours du philosophe britannique Hart alors président de l'*Aristotelian Society* en 1959[16]. Celui-ci reconnaît cinq critères au châtiment : « Il doit impliquer une souffrance [...] ; il doit répondre à une infraction contre des règles légales ; il doit s'appliquer à l'auteur réel ou supposé de cette infraction ; il doit être administré intentionnellement par des êtres humains autres que le contrevenant ; il doit être imposé par une autorité

---

16 FASSIN (D.), *Punir : une passion contemporaine*, Paris, Seuil, 2017, p. 44.

instituée par le système légal contre lequel l'infraction a été commise[17]. » Dès lors, une peine serait celle qui est appliquée par une autorité judiciaire dans le seul but de réprimer l'auteur d'une infraction légalement prévue. Toutefois, si cette définition permet en effet d'établir des critères formels de la peine, elle ne prend pas en compte des évolutions de notre droit de la peine et du développement de nouvelles formes de sanction, pénale ou non.

Aujourd'hui, les contours de la peine ne sont plus parfaitement nets et certaines sanctions peuvent répondre positivement à certains critères de la peine sans pour autant en être une. Si la peine est une sanction pénale, toute sanction pénale n'est pas une peine.

Le développement des mesures de sûreté dans notre arsenal pénal rend poreuses les délimitations de la peine. Ces deux sanctions peuvent se rejoindre dans leur mise en œuvre mais elles ne font pas pour autant appel aux mêmes fondements. La peine se fonde sur la responsabilité morale de l'auteur d'une infraction, à savoir sa culpabilité, à la différence des mesures de sûreté qui se fondent sur sa responsabilité sociale, à savoir sa dangerosité. L'une, établie, appelle donc à la punition tandis que l'autre, présumée, en appelle au traitement.

La confusion règne donc entre la peine et la mesure de sûreté, et cela est problématique au niveau conceptuel, rendant difficile notre réflexion sur les sens de la peine. De même, cette confusion est aussi responsable de difficultés pratiques, étant donné que ce ne sont pas les mêmes principes directeurs qui s'appliquent selon que l'on a affaire à une peine ou une mesure de sûreté.

Cette confusion a pour origine l'action des rédacteurs du Code pénal de 1994 qui ont inclut des mesures de sûreté dans

---

17 *Ibid.*, p. 43.

le vocable des peines. Certaines peines complémentaires sont alors par nature des mesures de sûreté, comme les injonctions de soin de l'article 131-10 du Code pénal, le suivi-socio judiciaire ou même l'interdiction du territoire national.

La distinction sémantique entre ces deux sanctions est véritablement apparue lorsque le législateur a décidé d'inscrire la nature de ces mesures dans leur dénomination, avec la surveillance de sûreté et la rétention de sûreté, mais certaines peines ont conservé leur vocation éliminatrice. Le curseur de la signification de la peine se place donc à tort sur des mesures dont seul le nom laisse apparaître qu'elles sont des peines. Le développement du concept de dangerosité est inquiétant et peut se répandre à de nouvelles peines, brouillant les sens que l'on souhaite leur donner.

De la même manière, toute sanction ne peut être une peine. Certaines sanctions administratives, disciplinaires ou para-pénales peuvent ainsi avoir les traits d'une punition mais il ne s'agit pas pour autant d'une peine. Dès lors, il convient de préciser ici que l'objet principal du présent écrit sera la peine *stricto sensu* et non les mesures de sûreté ou des sanctions autres que pénales pouvant s'apparenter à une forme de punition. La présente démonstration sur les sens de la peine ne pourra éluder ces notions voisines mais celles-ci ne seront pas traitées en profondeur.

Aussi, les changements complexes et contradictoires qui ont affecté et qui affectent la peine aujourd'hui ont une incidence considérable sur le ou les sens que l'on souhaite lui attribuer. L'obsession sécuritaire qui touche le champ de la peine et le populisme pénal sont de cet ordre et amènent à changer nos perceptions de la pénalité.

Quoi qu'il en soit, si l'étude des sens de la peine nécessitait de s'intéresser d'emblée à la définition de la peine, il faut à présent comprendre ce que l'on entend par « sens de la peine » et ce qui justifie l'usage de sa forme plurielle dans cet écrit.

II. Les sens de la peine

Étymologiquement, la question des *sens* de la peine n'est pas chose aisée.

D'après le *Littré*, le terme *sens* a plusieurs définitions. Il est notamment défini comme une « signification, une manière de comprendre[18] », comme « une direction[19] » ou encore comme « la faculté de comprendre les choses et d'en juger sainement[20] ».

Dans son ouvrage *Sens et non-sens de la peine*, Michel van de Kerchove cherche à répondre à la question du sens en faisant une analogie avec les questions que nous, êtres humains, nous posons au sujet du sens de notre existence : « Que sommes-nous ? D'où venons-nous ? Où allons-nous ? À quelles conditions notre existence est-elle réussie ou notre vie est-elle "bonne"[21] ? » C'est ainsi en matière de « significations » et de « directions » que l'on s'intéressera au sens de la peine. Il ne s'agira donc pas de savoir ce qu'est la peine mais de comprendre ce qu'elle veut dire et ce vers quoi elle semble se diriger.

Si la question des sens de la peine emporte forcément celle de la détermination de la nature et des contours de la peine, c'est parce que cette interrogation s'intéresse aux fonctions et finalités de la pénalité. Déterminer les fonctions et finalités de la peine, c'est déjà donner du sens à la peine. Autrement dit, les sens de la peine s'intéressent aux questions du « pourquoi » (*quia peccatum*) et du « pour quoi » (*ne peccetur*). Aussi, dans le présent ouvrage, nous ne chercherons pas à identifier de

---

18 PRUVOST (J.) (sous la direction scientifique de), BLUM (C.) (sous la direction générale de), *op. cit.*, p. 1285.

19 *Ibid.*

20 *Ibid.*

21 VAN DE KERCHOVE (M.), *Sens et non-sens de la peine : entre mythe et mystification*, Bruxelles, Facultés universitaires Saint-Louis, 2009, p. 10.

manière précise les sens de la peine mais plutôt à mettre en lumière ce que sont ses fonctions et finalités, ce sur quoi la peine se fonde et se justifie. Il s'agira également de s'intéresser aux transformations dont ses fonctions et finalités ont fait l'objet, au regard des évolutions du droit de la peine. Ces évolutions doivent notamment être prises en compte au regard des différents paradigmes punitifs qui ont gouverné notre conception de la pénalité, mais également au regard des effets de la peine et des représentations que la personne condamnée, la société et la victime peuvent s'en faire.

C'est à cet égard que nous parlons *des* sens de la peine et non *du* sens de la peine. En effet, le sens de la peine pour le condamné ne correspond ni à celui poursuivi par le législateur, ni à celui perçut par la victime ou la société. Cette analyse est notamment partagée par certains auteurs comme Claire Saas qui affirme que « le sens de la peine ne peut certainement plus être saisi au singulier, tant la nature des sanctions pénales et les modes d'aménagements se sont multipliés au cours des quinze dernières années. Il apparaît fuyant, fugace, et certainement multiple selon que l'intéressé est celui qui propose, défend, prononce, aménage, subit, accepte, accompagne ou regarde la peine[22] ».

Ainsi, s'il est vrai qu'il faut parler d'une pluralité de significations de la peine, parce que celle-ci a une signification différente pour chaque intéressé, notamment au regard de ses effets, il faut également parler d'une pluralité d'orientations de la peine. Ces orientations sont avant tout le fruit des différentes théories pénales d'hier qui ont été et qui continuent d'être la « boussole » de la peine aujourd'hui. Cependant, ces orientations sont également celles choisies par le législateur et les acteurs de la politique pénale qui sont en train de tracer le chemin qu'empruntera la peine de demain.

---

22 SAAS (C.), « Le juge, artisan de la peine », *Les cahiers de la justice*, 2010, n° 4, p. 71

Au regard de l'ensemble de ces éléments, notre tâche ne sera sans doute pas aisée et peut-être nous perdrons nous quelque peu sur ce sentier mais l'intérêt est grand, et ce, pour plusieurs raisons.

Tout d'abord, parce qu'il s'agit d'un domaine que le législateur avait délaissé mais dans lequel il tend à s'immiscer de nouveau, notamment depuis les années 2000[23]. Cette question du sens de la peine a été explicitement posée à travers la consécration dans les textes de ses fonctions et finalités, à l'issue de la loi n° 2014-896 du 15 août 2014 relative à l'individualisation des peines et renforçant l'efficacité des sanctions pénales[24]. Cette question semble encore être préoccupante pour le législateur puisque l'un des rapports s'agissant du projet de loi de programmation 2018-2022 et de réforme de la justice se nomme « sens et efficacité de la peine ». Cela fait notamment écho à la situation alarmante de nos prisons, espaces où la signification de la peine semble avoir disparu. La problématique pénitentiaire est sans aucun doute la source de ce nouvel intérêt qu'ont le législateur et les pouvoirs publics pour le sens de la peine.

Ensuite, si nous avons eu un tel intérêt pour cette réflexion, c'est avant tout parce qu'elle pose, à nos yeux, l'une des questions les plus fondamentales du droit pénal : que veut dire la peine et dans quelle direction va-t-elle ? Tout praticien du droit pénal ne devrait-il pas se poser cette question ? Ne devrait-il pas se demander si le sens tel qu'il est poursuivi par le législateur et les acteurs de la politique pénal correspond ou non à celui qui est réellement perçu ? Ceci sous-entend une autre question, ô combien importante également : la peine

---

23 COTTE (B.), MINKOWSKI (J.), « Chantiers de la justice : sens et efficacité des peines », Paris, *La Documentation française*, 2018.

24 Loi n° 2014-896 du 15 août 2014 relative à l'individualisation des peines et renforçant l'efficacité des sanctions pénales, *JORF* n° 189 du 17 août 2014, p. 13647.

réussit-elle à concilier les intérêts du condamné, de la société et de la victime, et ainsi avoir du sens pour chacun d'entre eux ?

Ces questionnements sont d'une grande profondeur et la présente démonstration ne peut avoir l'ambition d'apporter une réponse à chacun d'entre eux. Toutefois, elle aura, nous l'espérons, le mérite de révéler les divergences qui peuvent exister entre le sens chimérique et le sens perçu, le sens théorique et le sens pratique de la peine.

Cette problématique, qui oppose la théorie à la pratique, est difficile à saisir comme si « [...] le langage dans lequel s'est constituée la rationalité pénale moderne avait perdu son évidence et son caractère opératoire, comme si un fossé s'était creusé entre les justifications classiques de la peine et les pratiques au sein de l'institution pénale[25] ».

Dès lors, dans une certaine approche téléologique, il nous faut nous intéresser au sens idéal de la peine, tel qu'il est poursuivi par le législateur qui l'a récemment consacré dans la loi pénale, en se fondant notamment sur l'ensemble des modèles punitifs proposés par la pensée pénale moderne depuis le siècle des Lumières (**Partie I**). Cette étude du sens théorique devra être accompagnée de celle des représentations faites de la peine par le condamné, la victime et la société, et des conséquences que celles-ci peuvent avoir sur l'évolution de la peine et ses significations (**Partie II**).

---

25 Béal (C.), Delia (L.), « Punir a-t-il un sens ? », *Rue Descartes*, vol. 93, 2017, n° 3, p. 2.

PREMIERE PARTIE

L'ORIENTATION DE LA PEINE : LE SENS IDEAL DE LA PEINE ?

La recherche du sens de la punition est une question que tout État de droit a été amené à se poser et continue à se poser. Si la pénalité moderne est devenue la réponse à une infraction à la loi, elle conserve toutefois ses questionnements philosophiques les plus anciens.

Ainsi, il importe pour le législateur d'en rechercher la raison d'être, d'en retranscrire les fondements dans la loi. Il lui faut se plonger complètement dans les différentes théories qui forment la pensée pénale moderne et qui ont cherché à découvrir la raison de « l'acte de punir ». Cependant, il ne s'agit pas uniquement d'un travail d'identification des significations de la peine. Le législateur n'est pas un philosophe mais un traducteur. La norme est déclarative mais elle est surtout pratique, d'où l'usage de termes pragmatiques comme *fonctions* et *finalités*.

Dès lors, établir le sens légal de la peine c'est choisir une orientation, une direction prise par la pénalité quant à ses fondements et aux principes dans un État démocratique car celle-ci doit s'inscrire dans une certaine politique pénale.

Le sens idéal de la peine est donc le sens tel qu'il est poursuivi par le législateur, qui a fait le choix de s'attacher à certains fondements théoriques et objectifs pratiques plutôt qu'à d'autres. Ainsi, la loi n° 2014-896 du 15 août 2014 est venue consacrer les fonctions et les finalités de la peine dans un nouvel article 130-1 du Code pénal. L'étude du sens idéal de la peine nous pousse donc à nous interroger sur les fonctions et finalités au regard des différents paradigmes punitifs de la pensée pénale moderne et des objectifs de la politique pénale (**Chapitre I**). Cependant, l'association de la théorie à la pratique n'est pas chose simple, et nombre d'écueils s'agissant du sens de la peine poursuivi par l'article 130-1 du Code pénal peuvent, semble-t-il, être relevés (**Chapitre II**).

Chapitre 1. La consécration des fonctions et finalités de la peine dans la loi

Ainsi, à la suite des recommandations de la Conférence de consensus appelant à s'interroger de nouveau sur le sens de la peine[26], le Gouvernement a considéré que « cette question fondamentale [des fonctions et finalités de la peine] n'[était] en effet pas traitée de manière satisfaisante par le code actuel, qui n'en [parlait] que de façon très parcellaire et au surplus inexacte à l'article 132-2[27] ». On peut ainsi se féliciter d'un nouvel article 130-1 du Code pénal qui, contrairement à l'ancien article 132-24 du même code, a une portée générale, « [...] donnant le "la" et valant pour tous les stades de la "vie" de la peine (encourue, prononcée, exécutée)[28] ».

Celui-ci dispose ainsi que : « Afin d'assurer la protection de la société, de prévenir la commission de nouvelles infractions et de restaurer l'équilibre social, dans le respect des intérêts de la victime, la peine a pour fonctions :

1 ° De sanctionner l'auteur de l'infraction ;

2 ° De favoriser son amendement, son insertion ou sa réinsertion. »

---

26 TULKENS (F.), « Pour une nouvelle politique publique de prévention de la récidive – Conférence de consensus : principes d'action et méthodes », Paris, *La Documentation française*, 2013, p. 3.

27 Projet de loi relatif à la prévention de la récidive et à l'individualisation des peines, n° 1413, 9 octobre 2013, p. 6.

28 LEBLOIS-HAPPE (J.), « La redéfinition des finalités et fonctions de la peine - vers des principes directeurs en matière de peine ? », *Gaz. Pal.*, 2015, n° 143, p. 10.

Bien que les premières lignes de ce texte soient consacrées implicitement aux finalités de la peine, il conviendra de s'intéresser en premier lieu à ses fonctions, étant donné que celles-ci se réfèrent à des caractéristiques essentielles de la peine et au rôle que la peine remplit (**Section 1**). En second lieu, seront donc traitées les finalités de la peine qui se détachent de la substance même de la pénalité car elles correspondent à des objectifs idéaux vers lesquels la peine doit tendre (**Section 2**).

Section 1. Les fonctions de la peine

D'après l'article 130-1 du Code pénal, la peine a donc pour fonctions :

« 1° De sanctionner l'auteur de l'infraction ;

2° De favoriser son amendement, son insertion ou sa réinsertion. »

La sanction de l'auteur de l'infraction renvoie ici au fondement le plus ancien de la peine qu'est la rétribution. Celle-ci est avant tout d'ordre symbolique et moral, tandis que la fonction d'amendement, d'insertion ou de réinsertion est plus récente et tend à attribuer une utilité à la pénalité.

À la lumière des dispositions de l'article 130-1, il s'agira donc d'étudier, à travers le terme *sanctionner*, la fonction rétributive de la peine (§ **1**) puis d'aborder sa seconde fonction qu'est la resocialisation du condamné (§ **2**).

§ 1. La sanction de l'auteur de l'infraction

Si le terme *peine* a étymologiquement une connotation de souffrance, c'est parce que la rétribution, fonction première de la peine, constitue son fondement le plus ancien, passant de la vengeance privée d'autrefois à la justice publique d'aujourd'hui (**A**).

Toutefois, il convient de remarquer que l'utilisation du terme *sanctionner* pour qualifier la fonction rétributive de la peine est extrêmement ambiguë. Les rédacteurs de l'article 130-1 du Code pénal ont sans aucun doute préféré un terme neutre qui dit absolument tout comme il ne dit rien, témoignant d'un éloignement assumé du législateur de la vocation primaire de la peine au profit de l'autre fonction essentielle de la peine, à savoir la resocialisation du délinquant. Ainsi, la formulation utilisée dans l'article 130-1 sous-entend que le législateur n'entend plus « la sanction de l'auteur de l'infraction » comme « le désir de rendre le mal pour le mal[29] » mais plutôt comme le moyen de transformer le condamné (**B**).

A. La rétribution : essence et fonction de la peine

En vérité, bien plus qu'une simple fonction, la rétribution constitue l'essence même de la peine, comme certains auteurs ont pu le dire, à l'image de Pierrette Poncela pour qui « la notion de rétribution est l'autre nom de la peine : punir c'est toujours rétribuer[30] », ou encore Maurice Cusson qui parle de « rétribution formelle[31] » et qui ajoute que « par définition, le crime est un acte punissable. Si on cesse de le punir, il cesse d'être un crime[32] ». Autrement dit, une peine sans punition ne peut être puisque c'est l'acte rétributif qui constitue en lui-même la pénalité. Par la rétribution, la peine est à la fois afflictive et infamante.

Ainsi, Beccaria et Bentham embrassaient cette conception rétributive de la peine en ce qu'ils la voyaient tous deux comme « un mal, une douleur infligée à l'auteur de

---

29 CUSSON (M.), *Pourquoi punir*, Paris, Dalloz, 1987, p. 82.

30 PONCELA (P.), « Par la peine, dissuader ou rétribuer », *Archives de philosophie du droit*, T. 26, 1981, p. 65.

31 CUSSON (M.), *op. cit.*, p. 30.

32 *Ibid.*

l'infraction[33] ». Toutefois, pour les deux auteurs, ce caractère afflictif de la peine devait essentiellement servir à prévenir la commission d'une nouvelle infraction. En effet, pour ces auteurs, la peine devait faire craindre une souffrance importante, la souffrance apparente devant même être plus fortement ressentie par l'opinion publique que la souffrance réellement subie par le condamné.

Bien entendu, ce mal ne peut être exécuté sans support légal et de manière gratuite. Dans le cas contraire il ne pourrait être qualifié de « peine » ou de « châtiment ». Ainsi, cette conception se fonde, selon Michel van de Kerchove, « [...] sur une certaine idée de la justice qui veut que l'on considère le mal inhérent à l'acte constitutif de l'infraction et qu'on lui fasse correspondre un mal au moins symboliquement équivalent à titre de sanction, de la même façon que le bien inhérent à une action appelle un bien correspondant à titre de récompense[34] ». Il y a réellement une idée d'échange qui apparaît. Cette équivalence entre l'action et la réaction s'exprime originellement par la vengeance, au sens de *vendetta*, qui a pu être constatée par les anthropologues et les historiens dans toutes les sociétés humaines, sur tous les continents. Ainsi, Maurice Cusson rappelle que celle-ci existait chez les Grecs de l'époque homérique, tout comme elle existait chez les tribus germaniques, les Hébreux, les Amérindiens, les sociétés européennes médiévales[35], etc. Toute civilisation humaine ou groupement humain, à un moment de son histoire, a donc pratiqué la vengeance.

Il faut souligner que la littérature scientifique s'accorde pour dire que la vengeance, notamment en réponse à un

---

33 TULKENS (F.), VAN DE KERCHOVE (M.), *Introduction au droit pénal : aspects juridiques et criminologiques*, Bruxelles, E. Story-Scientia, 1993, p. 15.

34 VAN DE KERCHOVE (M.), *op. cit.*, p. 159.

35 CUSSON (M.), *op. cit.*, p. 30.

homicide familial, n'était pas le seul fait d'une passion vindicative dont les auteurs de fictions et récits romanesques raffolent mais bien une obligation coutumière dont il fallait s'acquitter comme on doit s'acquitter d'une dette, sous peine d'être déshonoré. Il s'agissait donc bien d'une « pratique » codifiée.

L'exemple qui illustre ce rapprochement sans équivoque entre la pénalité et la vengeance est la loi du talion dont les premiers signes ont été retrouvés à ce jour dans le Code de Hammurabi du royaume de Babylone. Son principe même peut être illustré par la formule biblique « œil pour œil, dent pour dent » qui présente donc la réciprocité du crime et de la peine.

Par conséquent, le rapport que cultivent la peine moderne et la vengeance ne peut être un « rapport d'indifférence ». Ce rapport est primitif, culturel, et beaucoup aujourd'hui ne réalisent pas l'influence qu'a encore la vengeance dans les couloirs des Palais de justice. « Les raisons que l'on avait de se venger ne sont pas tellement différentes de celles que nous avons de punir[36] » poursuit ainsi Maurice Cusson. Pour autant, il serait incorrect d'affirmer que la peine et la vengeance ne font qu'un, puisque la première repose sur un socle légitime que la seconde écarte de par sa nature même, quand bien même nous aurions pu constater que la vengeance n'était pas animée par la colère uniquement et qu'elle était également le fruit d'une construction sociale qui contraint l'offensé à agir.

La légitimité sur laquelle repose la peine est double : d'une part, la légitimité de la peine est avant tout morale en ce que la peine s'applique à l'auteur d'une infraction qui a librement choisi de ne pas respecter le contrat social qui l'engageait avec le reste de la société, et d'autre part, elle est légale, puisque c'est ainsi que sont qualifiés les termes de l'incrimination et

---

36 *Ibid*, p. 41.

l'autorité qui prononce la peine. Par *morale*, nous n'entendons pas que la peine se fonde sur la morale mais que l'auteur infractionnel ne respecte pas les valeurs sociales protégées dans une société démocratique donnée. Cette double légitimité est mise en lumière par Didier Fassin qui la tire des critères du châtiment, entendu comme peine, énoncés par le philosophe du droit britannique Hart dans son discours en tant que président de l'*Aristotelian Society* en 1959[37], et que nous avons déjà retranscrit dans les propos introductifs du présent ouvrage. Hart faisait alors référence à cinq critères. Toutefois, comme l'indique Didier Fassin, Hart paraît uniquement fournir une définition du châtiment alors qu'en réalité il lui apporte également cette légitimité qui repose sur la responsabilité morale de l'auteur de l'infraction, sur la loi pénale et sur l'organe public, légalement établi, qui la prononce.

Là sont donc toutes les subtilités qui gravitent autour de la peine et de sa fonction essentielle qu'est la rétribution. Nous disons *fonction essentielle*, ou bien devrait-on dire *essence fonctionnelle*, car c'est bien là le double visage du « mal pour un mal », de la rétribution. Celle-ci se trouve être à la fois l'essence de la peine, la rapprochant inexorablement de sa forme première qu'est la vengeance et dont elle ne pourra jamais réellement se détourner, et la fonction de la peine, par le rôle effectivement rempli, celui de punir l'auteur d'une infraction légalement établie, par l'intermédiaire d'un organe lui-même légal et public.

Par conséquent, puisque la peine est intrinsèquement la rétribution, comme le dit Michel van de Kerchove, parler de fonction rétributive de la peine est une absurdité car cela

---

37 FASSIN (D.), *loc. cit.*

correspond à utiliser une formule tautologique telle que « il faut punir pour punir[38] ».

Or, cette essence de la peine tend à s'affaiblir au regard du terme utilisé par le législateur pour la décrire. Effectivement, comme nous avons pu le souligner plus tôt, l'usage du terme *sanctionner* par le législateur pour qualifier la fonction rétributive de la peine n'est pas anodin. Paradoxalement, alors que depuis plusieurs décennies le droit pénal français tend à renforcer sa sévérité à l'égard de la criminalité par l'élaboration de nouvelles peines et la mise en œuvre de procédures dérogatoires, en particulier contre les délinquants considérés comme dangereux tels que les délinquants sexuels, les terroristes et de manière plus générale les multirécidivistes, le législateur semble vouloir détourner la fonction primaire de la peine. Cette dernière ne doit plus être un mal infligé en réponse à la commission d'une infraction, et donc être tournée vers le passé, mais être un outil de transformation du condamné tourné vers l'avenir, la répression de l'acte infractionnel devenant un simple prétexte à la resocialisation du délinquant.

B. Une « sanction » obscure tournée vers l'avenir

Il est des textes de loi dont le sens réel, tel qu'entendu par leurs auteurs, apparaît lorsque l'on sait lire entre les lignes. Il en est ainsi pour l'article 130-1 du Code pénal.

En effet, la formulation utilisée dans l'article 130-1 du Code pénal laisse clairement sous-entendre que le législateur cherche à éclipser la fonction rétributive de la peine, comme avaient pu le faire les promoteurs de la défense sociale nouvelle, même si, dans la structure du texte, cette fonction est inscrite avant la fonction de resocialisation.

---

38 Van De Kerchove (M.), *op. cit.*, p. 171.

Certains auteurs de la doctrine ont ainsi montré du doigt l'usage du terme *sanctionner* dans les dispositions de cet article. C'est notamment le cas du Professeur Emmanuel Dreyer dans un article dans lequel il constate une évolution de l'objet de la peine, celui-ci se déplaçant de l'acte infractionnel vers la personne du délinquant, et un renouvellement des fonctions de celle-ci[39]. D'après Emmanuel Dreyer, dire que la peine a pour fonction de sanctionner l'auteur de l'infraction est une évidence brumeuse qui a pour effet, non pas de renforcer ce rôle rétributif de l'infraction, mais de l'affaiblir. Une formule générale se prête ainsi à toutes les interprétations possibles ne permettant pas d'identifier le but poursuivi par la peine. « C'est sans doute ce flou […] qui explique le maintien d'une telle formule: les défenseurs du texte n'envisageaient pas là une fonction d'expiation qui est majoritairement perçue aujourd'hui comme contraire au respect dû à la dignité de la personne humaine, ni même une fonction de rétribution dont l'automatisme entre en conflit avec la logique d'individualisation désormais portée au pinacle[40] » poursuit Emmanuel Dreyer qui estime que la sanction opérée par la peine doit avant tout permettre de mieux cerner le délinquant, et ce, indépendamment de l'acte commis. « L'objectif véritable de ce texte est ailleurs : la sanction pénale doit permettre une transformation du condamné (amendement) et son intégration dans la société (insertion ou réinsertion)[41] » conclût-il.

Dans son avis sur le projet de loi relatif à la prévention de la récidive et à l'individualisation des peines, la Commission nationale consultative des droits de l'Homme (CNCDH) reconnaît également la neutralité du terme *sanctionner*, utilisé pour décrire la fonction rétributive de la peine. Toutefois,

---

39 DREYER (E.), « L'objet de la sanction pénale », *D.* 2016, p. 2583.

40 *Ibid.*

41 *Ibid.*

contrairement à la position adoptée dans le présent écrit, la CNCDH se réjouit justement de la neutralité de ce terme : « La CNCDH ne peut que s'en réjouir. En outre, l'emploi du verbe "sanctionner" doit être approuvé en raison de sa neutralité[42]. » Bien que l'on respecte que la CNCDH adopte sa propre conception de la peine et qu'elle ne souhaite pas que la fonction rétributive de la peine soit qualifiée par un terme qui aurait, d'après elle, une connotation négative, il est assez déconcertant de la voir se réjouir de la neutralité, et donc de la généralité, du terme *sanctionner* alors que celle-ci recommande dans ce même avis que « les fonctions et finalités de la peine soient clairement définies et hiérarchisées, de manière à ce que la philosophie de la peine irriguant le Code pénal soit explicitement fixée[43] ». Étrange posture que de se féliciter du flou que suscite le mot *sanctionner* alors que l'on appelle le législateur à ce qu'il clarifie explicitement les fonctions de la peine. Clarifier, n'est-ce pas également prendre position ?

D'aucuns mettent en lumière la crise que connaît la pénalité aujourd'hui et se demandent s'il ne serait pas nécessaire de se détacher des modèles classiques de la peine, de les réinterpréter au regard des évolutions juridiques et sociétales auxquelles nous assistons[44]. Nous ne pouvons qu'adhérer à cette analyse mais renouveler la peine, à travers la transformation de ses fonctions et finalités, ce ne doit pas mener à une dénaturation de celle-ci. Ainsi, pourrait notamment être justifié l'affaiblissement volontaire de la fonction rétributive de la peine qui est perçue comme archaïque et contraire à nombre de droits les plus

---

42 Commission nationale consultative des droits de l'Homme, « Avis sur le projet de loi relatif à la prévention de la récidive et à l'individualisation des peines », 27 mars 2014, p. 8.

43 *Ibid.*

44 BÉAL (C.), DELIA (L.), *op. cit.*, p. 3.

fondamentaux. Pourtant, si la fonction rétributive est atteinte en ses fondements et détournée de sa raison même d'être, à savoir infliger un mal à l'auteur d'une infraction, c'est la peine elle-même qui n'en est plus une. Si la pénalité de demain ne rétribue plus mais tend schématiquement à protéger la société par la prévention de la récidive et la réinsertion de l'auteur de l'infraction, elle aura alors vécu.

Afin de ne pas reconnaître cet affaiblissement de la fonction rétributive de la peine, une justification est souvent mise en avant, tant par les acteurs de la politique pénale que dans la doctrine, à savoir que la peine n'aurait pas les mêmes fonctions au stade de son prononcé et au stade de son exécution. En effet, selon cette analyse, au stade du prononcé de la peine, la fonction rétributive resterait intacte, tandis qu'elle laisserait sa place à la fonction de resocialisation au stade de son exécution par la mise en œuvre du principe d'individualisation. Or, comme le souligne, une nouvelle fois, le Professeur Emmanuel Dreyer, « les fonctions de la peine ne peuvent être différentes au stade du prononcé et de l'exécution : la peine ne remplit aucune des fonctions qui lui sont attribuées au stade de son prononcé si elles ne se vérifient pas au stade de l'exécution[45] ».

Toutefois, il semblerait à première vue que cet affaiblissement de la rétribution puisse être relativisé au regard d'un certain retour de la rétribution. En effet, comme nous avons pu le souligner, la France, comme d'autres pays, connaît une recrudescence de la répression dans le cadre d'une politique pénale que l'on peut qualifier de sécuritaire. Or, si le régime des peines appliquées aux délinquants a bien gagné en sévérité, il ne repose pas sur la conception morale de la rétribution comme nous avons pu le décrire dans les lignes précédentes. En France, ce mouvement que l'on connaît depuis quelques décennies ne peut être assimilé au

---

45 DREYER (E.), *loc. cit.*

rétributivisme qui a pour seul principe de répondre à l'accomplissement de l'infraction pénale.

En réalité, cette sévérité de la politique pénale que nous mettons ici en lumière porte sur certains types de délinquance, et donc de délinquants, se fondant davantage sur des objectifs sécuritaires, de protection de la société, de prévention de la récidive et de neutralisation des délinquants jugés dangereux, et répond simplement à la question du « pour quoi » (*ne peccetur*) car elle tend vers des objectifs[46]. Cette sévérité se fonde donc davantage sur des concepts positivistes ou même de défense sociale, et est poussée par une opinion publique favorable à la répression[47], mais nous aurons l'occasion d'en consacrer des lignes ultérieurement.

Quoi qu'il en soit, n'en déplaise aux tenants utilitaristes, dont nous ne remettrons jamais en doute la légitimité philosophique, qui souhaitent, de manière simplifiée, que la peine soit teintée d'humanisme et donc essentiellement portée vers la prévention et l'utilité tant pour la société que pour les condamnés, la fonction rétributive de la peine, qui a une portée légale et morale essentielle, ne peut être éteinte. Alain Cugno a pu ainsi dire que « [...] la punition existera toujours, même et surtout dans un État de droit, mais aussi qu'un certain nombre de traits ne pourront pas lui être arrachés. Ainsi et malgré quelques apparences, une punition ne sera jamais pour le condamné, mais d'abord contre lui[48] ».

Si la peine ne peut être absolument contre le condamné, son essence rétributive doit être conservée et non être totalement consommée par sa recherche de resocialisation du condamné. La quête de l'équilibre entre les deux est donc une

46 VAN DE KERCHOVE (M.), *loc. cit.*

47 SALAS (D.), *La volonté de punir : essai sur le populisme pénal*, Paris, Hachette Littératures, 2005, p. 40.

48 CUGNO (A.), « Quel sens donner au droit de punir ? », *Les cahiers de la justice*, 2010, n° 4, pp. 33-46.

réelle difficulté tant pour le législateur et que pour le juge. Selon nos modestes recommandations, le législateur devrait ainsi nommer la rétribution telle qu'elle est réellement et doit être : afflictive, infamante et tournée exclusivement vers le passé, à savoir l'acte infractionnel, et non tournée vers le futur. Pour que la fonction rétributive soit véritable, elle doit conserver sa force pure, fondée sur la seule réponse à la commission d'une infraction et non sur la volonté de poursuivre des objectifs, aussi nobles soient-ils.

C'est bien pour cela qu'elle doit jouer son rôle de concert avec l'autre fonction essentielle de la peine que le législateur a inscrite à l'article 130-1 du Code pénal, à savoir la resocialisation du délinquant, et qui, elle, tend vers des finalités précises.

§ 2. L'amendement, l'insertion ou la réinsertion du délinquant

Il s'agira donc ici de s'intéresser à la seconde fonction de la peine que le législateur a inscrite à l'article 130-1 du Code pénal qui dispose que la peine a pour fonction, concernant l'auteur de l'infraction, de « favoriser son amendement, son insertion ou sa réinsertion ».

L'idée selon laquelle la peine a pour fonction de resocialiser le délinquant est apparue il y a bien longtemps, notamment dans l'esprit des penseurs chrétiens, mais elle se concrétise véritablement dans notre système répressif avec le mouvement de défense sociale nouvelle du magistrat Marc Ancel[49].

Selon cette conception de la peine, la fonction de resocialisation du délinquant doit être la fonction première de la peine, au détriment de sa fonction rétributive. Cette

---

49 ANCEL (M.), La défense sociale nouvelle : un mouvement de politique criminelle humaniste, 3e éd., Paris, Cujas, 1981, 381 p.

resocialisation doit ainsi passer par un effort effectué par le condamné qui doit passer par un apprentissage de sa responsabilité (**A**). La fonction de resocialisation de la peine est également surélevée par le principe d'individualisation qui est devenu le porte-étendard de la politique pénale actuelle. Les textes de loi l'invoquant se sont multipliés, exprimant ainsi la volonté du législateur d'individualiser sans cesse et toujours plus la peine. Le fondement philosophique que représente la défense sociale nouvelle est ainsi complété par un fondement juridique qu'est l'individualisation, permettant l'adaptation de la peine à la personnalité et à la situation du condamné (**B**).

A. Le souffle de la défense sociale nouvelle sur la peine

Parce que le droit pénal n'est pas « une simple projection dans l'ordre juridique positif des conceptions de la philosophie pénale[50] », il n'est pas chose aisée d'affirmer qu'un certain courant doctrinal a eu telle ou telle influence sur la matière pénale, tant celle-ci évolue au gré de facteurs complexes et pratiques qui peuvent se détacher des apports théoriques.

Loin d'être l'exception d'une telle vérité, la défense sociale nouvelle peut toutefois se détacher des autres courants de pensée, en ce que déjà elle ne se considère pas elle-même comme une école ou un mouvement dogmatique mais comme une contestation universelle d'humanisme dont les idées imprègnent bel et bien la pénalité contemporaine depuis 1945.

Effectivement, le mouvement de défense sociale nouvelle porté par Ancel est profondément marqué par une coloration

---

50 GASSIN (R.), « L'influence du mouvement de la défense sociale nouvelle sur le droit pénal français contemporain », *Aspects nouveaux de la pensée juridique : recueil d'études en hommage à Marc Ancel*, Paris, A. Pedone, 1975, t. II, pp. 3-17.

humaniste qui considère que l'on doit s'assurer de la protection et de la dignité d'un être humain même reconnu délinquant. À cet égard, l'approche novatrice d'Ancel s'est située en rupture avec les différentes conceptions pénales portées par les doctrines passées. L'une de ces ruptures fait directement référence au nom porté par le mouvement d'Ancel, la défense sociale nouvelle. *Nouvelle* qui sous-entend qu'il y a eu une école, ou du moins, un courant de pensée, « ancien ». Bien qu'il s'agisse en premier lieu d'une opposition avec le courant de pensée de la défense sociale, la « pensée ancienne » telle qu'entendue par Marc Ancel semble plus large. « Ainsi en est-il notamment des conceptions que le président Ancel qualifie "d'anciennes" et qui, du droit romain archaïque à celui de l'Ancien régime, prétendent fonder la légitimité de la répression pénale sur la seule nécessité pour la société de se défendre des agressions que représentent les actes de délinquance et promeuvent, pour ce faire, une réponse délibérément arbitraire et démesurée[51] » indique l'universitaire et magistrat Vincent Sizaire.

L'une des « raisons d'être » du mouvement de défense sociale nouvelle repose sur son opposition aux doctrines classiques et positivistes, dites « modernes », qui ont influencé la criminologie et les politiques pénales de ces derniers siècles.

Ainsi, pour les tenants de l'école positiviste italienne, le délinquant est un individu dont le comportement et les caractéristiques psychologiques le prédestinent à la déviance et à la criminalité. C'est le courant de pensée déterministe, opposé à l'idée selon laquelle l'individu devient un délinquant parce qu'il est libre. De sorte que la dangerosité d'un individu était déterminée dès sa naissance et devait être traitée, remplaçant une réponse judiciaire fondée sur la responsabilité morale par une réponse scientifique et de traitement fondée

---

51 SIZAIRE (V.), « Que reste-t-il de la défense sociale nouvelle ? », *RSC*, 2017, p. 261.

sur la responsabilité sociale, et tendant vers la neutralisation de ces « déviants ».

La défense sociale nouvelle a aussi, en moindre mesure comparée à son opposition affirmée au courant positiviste italien, souhaité se détacher des doctrines classiques fondées sur le libre-arbitre et le contrat social. Si la contestation de la défense sociale nouvelle vis-à-vis des doctrines classiques est minime comparée à la contestation des idées positivistes fondées sur la dangerosité, c'est parce que le mouvement d'Ancel a conservé certains apports du droit classique que sont la légalité, l'égalité, la personnalité et la proportionnalité des peines.

Ce mouvement a ainsi pour identité une rupture avec les dogmatismes classiques et positivistes. « La défense sociale se présente d'abord historiquement et fondamentalement comme une contestation [...] Elle est un mouvement, ce qui postule une marche en avant, un dynamisme constant, une insatisfaction critique délibérément maintenue[52] » disait ainsi Marc Ancel, preuve de l'origine contestataire de la défense sociale nouvelle.

Mais bien plus qu'une contestation de conceptions et pratiques jugées anciennes, Marc Ancel a voué son existence à la promotion de cette humanisation de la peine. L'idée principale portée par Ancel est que, pour obtenir la réadaptation sociale du délinquant, il faut que le délinquant acquière des mécanismes lui permettant l'apprentissage de sa propre responsabilité, de sa faute.

Ainsi, le choix du législateur d'utiliser le terme *amendement*, que certains auteurs ont d'ailleurs pu juger anachronique de par sa nature religieuse[53], trahit aisément cette influence de la

---

52 LAZERGES (C), « La défense sociale nouvelle a 50 ans », *RSC*, 2005, p. 165.

53 LEBLOIS-HAPPE (J.), *loc. cit.*

défense sociale nouvelle sur la conception actuelle de la pénalité. En effet, il n'échappera à personne que le mouvement de défense sociale nouvelle porté par Ancel se rattache au courant de pensée de la tradition chrétienne. L'idée de rédemption du condamné, que l'on peut qualifier de « pêcheur », est très prégnante. Celui-ci doit donc effectuer un effort personnel de resocialisation pour obtenir le pardon de la société, pour obtenir le rachat de la faute commise[54]. Il doit réaliser pleinement le tort qu'il a causé.

Néanmoins, certains éléments vont dans le sens d'un décalage entre l'idéal porté par la défense sociale nouvelle et ce qui est réellement mis en œuvre par la politique pénale d'aujourd'hui. C'est notamment le cas de la peine privative de liberté qui, selon la volonté de Marc Ancel, devait être prononcée qu'*ultima ratio.* Or, malgré l'échec flagrant de la peine d'incarcération, tant au niveau des effets qu'elle a sur les condamnés, que sur le manque de moyens matériels, humains et financiers dans sa mise, elle constitue toujours aujourd'hui, en France, comme dans le monde, la peine de référence.

Ainsi, ce souffle d'humanisme qu'a eu en France le mouvement de défense sociale nouvelle sur la pénalité contemporaine, et plus globalement sur le droit pénal, est donc tout à fait relatif, et ce, à plusieurs égards. En effet, il a notamment pu être montré du doigt que la fonction de réadaptation sociale est écrasée par le progressif développement en France de mesures particulièrement répressives, et faisant notamment appel à des procédures d'exception pour des types de délinquances jugées « exceptionnelles » au nom d'une lutte obsessionnelle contre l'insécurité et la récidive. Cette obsession répressive et sécuritaire trouve ses fondements dans l'exacerbation d'un

---

54 MICHEL (A-L.), sous la direction de BONFILS (P.), *L'influence de la défense sociale nouvelle sur la matière pénale moderne*, Mémoire en droit, Université d'Aix-Marseille, 2008, p. 13.

sentiment d'insécurité exprimée par l'opinion publique et attisée par les médias, et dont les politiques se saisissent pour légiférer dans ce sens.

Ainsi, l'influence de la défense sociale nouvelle sur la conception de la peine et sur le droit positif français est certaine mais doit donc être nuancée par l'évolution actuelle de notre système répressif qui va dans le sens inverse de l'idée portée par Marc Ancel.

Il faut également reconnaître que la conception humaniste portée par Ancel dans son mouvement a pu être détournée par la mise en œuvre de mesures et concepts pénaux ou non pénaux qui ont été présentés comme découlant des idées de la défense sociale nouvelle alors que, dans les finalités qu'ils poursuivaient, ils s'en étaient profondément écartés[55]. Autrement dit, la pensée originelle de la défense sociale nouvelle a pu être dénaturée. Là est donc la contradiction qui illustre la schizophrénie de la peine : le législateur semble théoriquement effacer, à l'article 130-1 du Code pénal, la fonction rétributive de la peine au profit de sa fonction de resocialisation alors que la pratique pénale démontre que la resocialisation échoue et que la répression se durcit !

Malgré tout cela, il ne faut pas effacer aussi aisément la force des idées portées par la défense sociale nouvelle. Comme a pu l'écrire Vincent Sizaire, « certes, l'héritage humaniste de notre modèle pénal est indéniablement mis en cause par la logique répressive sécuritaire. Mais, parce qu'ils ont acquis une force juridique supra-légale, ses principes en ressortent paradoxalement confortés comme piliers de l'ordre pénal démocratique[56] ». Bien qu'entachée par une ambition limitée par le manque de moyens matériels, humains et financiers et par le développement de mouvements de

---

55 DREYFUS (B.), Regard contemporain sur la défense sociale nouvelle de Marc Ancel, Paris, L'Harmattan, 2010, p. 17.

56 SIZAIRE (V.), *loc. cit.*

politique pénale contraires à ses fondements, l'essence même de la défense sociale nouvelle, à savoir ce vent d'humanisme engendré par Ancel, est maintenant ancrée dans les esprits des acteurs de la politique pénale et dans ceux de la doctrine.

La nécessité d'adapter la peine au condamné afin de lui permettre de se réinsérer n'est plus contestable et celle-ci est incarnée aujourd'hui par le principe d'individualisation dans le droit positif, preuve de la survivance des idées humanistes de la défense sociale nouvelle. Dès lors, la peine doit s'adapter au condamné.

B. Le relèvement du condamné par l'adaptation de sa peine

Un autre élément fondamental de la fonction d'amendement, d'insertion ou de réinsertion du condamné repose sur l'adaptation de la peine à la personnalité du condamné, à sa situation matérielle, familiale et sociale. Cela se concrétise en droit positif par le principe d'individualisation de la peine.

Le concept d'individualisation apparaît dans l'ouvrage de Saleilles, *L'individualisation de la peine*[57], pour qui la peine ne doit plus seulement « frapper pour un fait passé » mais aussi « promouvoir un résultat à venir ». En vérité, cette idée centrale d'individualisation de la peine sera reprise et reformulée par Marc Ancel sous l'idée de « resocialisation[58] » car Saleilles, à l'instar Ancel, adhère à cette « conception humaniste » de l'Homme. De celle-ci découle la nécessité d'adapter la pénalité à la personnalité du délinquant, personnalité qui devra être étudiée à l'issue de recherches scientifiques et sociales.

---

57 SALEILLES (R.), L'individualisation de la peine : étude de criminalité sociale, 3e éd., Paris, 1927, F. Alcan, 288 p.

58 DREYFUS (B.), *op. cit.*, p. 65.

Le principe d'individualisation s'inscrit donc bien dans le souffle humaniste venant de la défense sociale nouvelle. Toutefois, ce principe a su acquérir une autonomie et une force propres, de par sa consécration juridique. À cet égard, le Professeur Raymond Gassin distinguait d'ailleurs le fondement juridique et le fondement philosophique de la réinsertion, et disait que « [...] il importe de relever que le fondement juridique d'une solution ou d'une institution doit être distingué d'autres sortes de fondements que l'on recherche - ou que l'on peut rechercher - pour asseoir la validité de celles-ci. Il convient à cet égard de distinguer d'abord le fondement juridique des fondements philosophiques ou idéologiques[59] ».

La loi pénitentiaire n° 2009-1436 du 24 novembre 2009 a notamment retranscrit juridiquement la philosophie humaniste portée par la défense sociale nouvelle, en disposant que l'administration pénitentiaire était garante du respect de la dignité et des droits des personnes détenues. Cette première loi avait ouvert la voie à la montée du principe d'individualisation mais c'est réellement la loi n° 2014-896 du 15 août 2014, dont nous allons préciser le contenu, qui a consacré juridiquement la philosophie d'Ancel[60].

Aujourd'hui, le principe d'individualisation est devenu incontournable dans le droit pénal français, à tel point que le Conseil constitutionnel lui a donné une valeur constitutionnelle qui n'est aujourd'hui plus contestable[61]. Il l'a rattaché à l'article 8 de la DDHC qui consacre les principes de

---

59 GASSIN (R.), « Les fondements juridiques de la réinsertion des délinquants en droit positif français », *RSC*, 1996, n° 1, pp. 155-182.

60 PRADEL (J.), « Un législateur bien imprudent. À propos de la loi n° 2014-896 du 15 août 2014 », *JCP G.*, 2014, n° 38, étude n° 952, p. 1643.

61 Cons. constit. 22 juillet 2005, n° 2005-520 DC, *Loi précisant le déroulement de l'audience d'homologation de la comparution sur reconnaissance préalable de culpabilité*, *JORF* n° 173 du 27 juillet 2005, p. 12241 ; *RFDC* 2006. 165, obs. Nicot ; *Gaz. Pal.* 2005, n° 215, p. 6, obs. Schoettl.

légalité et nécessité de la peine[62]. Cela fait suite à sa première consécration dans le droit positif par la loi n° 2005-1549 du 12 décembre 2005 relative au traitement de la récidive des infractions pénales[63], à l'article 132-24 du Code pénal.

En réalité, le principe d'individualisation existait dans le droit positif dès 1994. En effet, dans le Nouveau Code pénal, était apparue une certaine formulation dans la Section II du Titre III du Livre Premier intitulée « Des modes de personnalisation des peines », dont la première version de l'article 132-24 faisait partie. Nous serions donc passé du terme *individualisation*, qui renvoie naturellement à l'*individu*, proposé par Saleilles à celui de *personnalisation*, proposé par le législateur de 1992, qui renvoie à la *personne.*

Les deux termes ne sont toutefois pas synonymes. Le terme *personnalisation* a le mérite d'être applicable tant pour les personnes physiques que pour les personnes morales, alors que le terme *individualisation* semble davantage révélateur d'un choix de politique pénale ayant changé sa représentation de l'individu délinquant, personne physique.

Étrangement, la loi n° 2014-896 du 15 août 2014 relative à l'individualisation des peines et renforçant l'efficacité des sanctions pénales semble aller en arrière et préfère, comme son nom l'indique, le terme *individualisation* à celui de *personnalisation.*

Dans la doctrine, on peut aussi s'en étonner : « La loi du 15 août 2014 s'écarte du vocabulaire adopté lors du vote du Code pénal de 1994 qui se referait à la "personnalisation" au motif que les personnes morales, nouveaux sujets de droit pénal, ne sont pas des "individus". Mais la loi ne se soucie pas

---

62 *Ibid.*, § 3.

63 Loi n° 2005-1549 du 12 décembre 2005 relative au traitement de la récidive des infractions pénales, JORF n° 289 du 13 décembre 2005, p. 19152.

du tout de leur sort[64]. » L'article 132-24 du Code pénal a d'ailleurs été vidé de sa substance par cette loi pour des raisons de rationalisation. L'article 132-1 retranscrit ainsi le principe d'individualisation en disposant que « toute peine prononcée par la juridiction doit être individualisée ». Le législateur de 2014 a estimé que c'était cet article qui devait être le nouveau siège de l'individualisation. La CNCDH avait ainsi approuvé cette consécration du principe constitutionnel d'individualisation à l'article 132-1, estimant que les précédentes dispositions le concernant à l'article 132-24 relatif aux modes de personnalisation des peines n'étaient pas suffisamment claires[65].

Quoi qu'il en soit, l'idée portée par la loi du 15 août 2014 est bien d'utiliser la technique de l'individualisation pour permettre l'amendement et la réinsertion de l'individu, ce dernier devant réellement devenir un acteur de sa peine. C'est ce qu'indique également le Professeur Muriel Giacopelli dans son commentaire de la loi du 15 août 2014 lorsqu'elle affirme que « le législateur fait donc de l'individualisation, le levier de la réforme pour remplir la fonction prioritaire d'insertion et de réinsertion du condamné[66] ». Le Professeur Jean Pradel parle même d'une « sublimation de l'individualisation[67] » par cette loi.

Dans notre système répressif, la réinsertion permise par l'individualisation de la peine vaut donc au stade du prononcé, comme l'indique l'article 132-1 du Code pénal, mais

---

64 ROBERT (J-H.), « Réforme pénale - Punir dehors - Commentaire de la loi n° 2014-896 du 15 août 2014 », *Dr. pén.*, 2014, étude 16.

65 Commission nationale consultative des droits de l'Homme, *op. cit.*, p. 4.

66 GIACOPELLI (M.), « La loi du 15 août 2014 relative à l'individualisation des peines et renforçant l'efficacité des sanctions pénales : un rendez-vous manqué », *AJ pénal*, 2014, n° 10, p. 449.

67 PRADEL (J.), *loc. cit.*

également au stade de l'exécution, comme l'indique l'article 707 du Code de procédure pénale. Ainsi, l'individualisation de la peine, telle qu'inscrite dans les textes aujourd'hui, découle bien de la pensée humaniste du mouvement de défense sociale nouvelle.

Principe constitutionnel dont le droit de la peine ne peut plus se passer, l'individualisation apporte toutefois son lot d'illusions et de facilités. User de ce principe pour aménager les peines de manière excessive au stade de l'exécution de la peine avec pour seule volonté de vider les centres pénitentiaires n'est pas un paradigme que le droit pénal français doit suivre. De la même manière, le principe d'individualisation ne saurait être effectif si le système pénal français ne se donne pas les moyens de ses ambitions. Encore faut-il que les moyens, tant humains, matériels et financiers, de la justice soient un jour conséquents. Dans le cas contraire, les fonctions de la peine ne permettront pas d'atteindre les finalités fixées par le législateur dans l'article 130-1 du Code pénal que nous allons aborder à présent.

Section 2. Les finalités de la peine

Le législateur a prévu trois finalités de la peine à l'article 130-1 du Code pénal, à savoir la protection de la société, la prévention de la récidive et la restauration de l'équilibre social dans le respect des intérêts de la victime. L'ordre choisi par le législateur pour les énumérer traduit une primauté de l'intérêt général sur les intérêts particuliers, et nous ne pouvons que nous en féliciter.

Nous faisons le choix ici d'étudier les finalités de protection de la société et de prévention de la récidive sous le même paragraphe, étant donné que nous verrons que ces dernières semblent renvoyer aux mêmes fonctions et aux mêmes évolutions contemporaines de la peine, comme la notion de dangerosité qui a fait son chemin dans le droit pénal

Au gré de ces lois, la lutte contre la récidive a été entendue largement[70], se détachant de sa définition et de ses conditions légales, pour être perçue tant par les acteurs de la politique pénale que par les profanes comme l'inscription d'un individu dans un parcours de délinquant d'habitude dont il ne peut et ne veut se sortir, se détachant donc de toute condition matérielle ou temporelle prévue par la loi.

Concernant la finalité de protection de la société, étant donné que la finalité préventive de la peine est expressément visée par la prévention de la récidive, le Professeur Jocelyne Leblois-Happe a pu s'interroger quant à sa signification : « Que faut-il comprendre par-là ? Vraisemblablement que la peine doit s'efforcer de mettre la société à l'abri d'autres atteintes susceptibles de lui être portées par le délinquant lui-même ou par un autre, tenté de l'imiter. La finalité préventive de la peine étant visée immédiatement après, on peut penser que c'est uniquement à la vocation éliminatrice ou neutralisatrice de la sanction qu'il est fait ici allusion[71]. »

De plus, il faut souligner que cette formule utilisée à l'article 130-1 du Code pénal est directement reprise de celle qui apparaissait à l'article 132-24 du même code, de 2005 à 2014. Celui-ci disposait que la détermination de la peine devait prendre en compte divers intérêts et objectifs tels que « la protection effective de la société ». Le terme *effectif* a donc été écarté en 2014, sans doute parce que la protection de la société a été édifiée comme une finalité et non comme une fonction de la peine, la réalisation d'un objectif n'étant pas une certitude.

La protection de la société est une notion paradoxale assimilée à la peine. Comment la peine peut-elle avoir pour

---

70 LAZERGES (C.), « Le choix de la fuite en avant au nom de la dangerosité : les lois 1, 2, 3, 4, 5, etc. sur la prévention et la répression de la récidive », *RSC*, 2012, p. 274.

71 LEBLOIS-HAPPE (J.), *op. cit.*, p. 2.

finalité de protéger la société sachant que son existence est le fait de la survenance d'un comportement infractionnel ayant d'ores et déjà porté atteinte à la société ? Partant de cela, cette finalité serait alors vouée à l'échec constant car si la peine protège, ce serait « seulement » d'une seconde blessure qui pourrait être infligée, soit parce qu'elle a neutralisé le premier attaquant, l'empêchant alors de réitérer son geste, soit parce qu'elle a dissuadé le second de l'imiter. La finalité de prévention de la récidive recouvrant l'hypothèse d'une seconde blessure effectuée par le même assaillant, on en déduit que la finalité de protection de la société s'adresse à tous les autres, ces seconds, qui pourraient être tentés d'imiter le comportement infractionnel. Beccaria dira à ce sujet que « le but des peines ne saurait être de tourmenter un être sensible, ni de faire qu'un crime commis ne soit pas commis. Les châtiments n'ont pour but que d'empêcher le coupable de nuire désormais à la société, et de détourner ses concitoyens de la voie du crime[72] ». Bentham adoptera le même propos en affirmant que « le but principal des peines, c'est de prévenir des délits semblables. L'affaire passée n'est qu'un point ; l'avenir est infini. Le délit passé ne concerne qu'un individu ; des délits pareils peuvent les affecter tous[73] ».

Là se distinguent donc les deux formes de la dissuasion, à savoir la dissuasion générale qui semble correspondre à la finalité de protection de la société, et la dissuasion spéciale qui semble correspondre à la finalité de prévention de la récidive.

En matière de dissuasion générale, la peine encourue joue ainsi le rôle de première menace, mais aussi étrange que cela puisse paraître ce sont les peines prononcées, par l'intermédiaire des peines de sursis, qui ont sans doute l'effet dissuasif le plus fort. En revanche, pour les récidivistes, il

---

72 BECCARIA (C.), *op. cit.*, p. 179.

73 BENTHAM (J.), *loc. cit.*

semblerait que seule la peine à exécuter ait réellement un effet dissuasif, mais il est déjà trop tard.

« La peine doit être dissuasive, aussi bien individuellement – elle doit ôter au coupable l'envie de répéter son méfait (c'est la "prévention spéciale") – que collectivement – elle doit être suffisamment redoutable pour intimider les aspirants à la délinquance et les arrêter dans leur élan (c'est la "prévention générale")[74] » écrit ainsi le Professeur Jocelyne Leblois-Happe dans son commentaire de l'article 130-1 du Code pénal.

La dissuasion générale repose sur les théories pénales classiques. D'après ces théories, l'individu est considéré comme « un être à la fois sensible et rationnel, dont l'action est mue par le plaisir et la douleur, et régie par le calcul rationnel de son plus grand intérêt[75] ». Autrement dit, avant de commettre une infraction, l'individu va faire un calcul des coûts et des avantages que la commission de l'infraction va produire à son égard. Les coûts sont donc représentés ici par l'intensité, la proximité, la certitude et la durée de la peine. Cette crainte que doit susciter la peine chez le délinquant potentiel renvoie à ces deux caractères essentiels de la peine que sont l'affliction et l'infamie. Certains auteurs ont ici des conceptions différentes et variées.

Tout d'abord, pour Montesquieu, le caractère afflictif de la peine est la marque des gouvernements despotiques. Dès lors, seule l'infamie de la peine, dans son utilité dissuasive, est valorisée par Montesquieu qui affirme que « dans les États modérés, l'amour de la patrie, la honte et la crainte du blâme

---

74 LEBLOIS-HAPPE (J.), *loc. cit.*

75 VAN DE KERCHOVE (M.), *op. cit.*, p. 196.

sont des motifs réprimants, qui peuvent arrêter bien des crimes[76] ».

Ensuite, de manière totalement inverse, Beccaria paraît préférer le caractère afflictif de la peine à son caractère infamant. Pour lui, de la dimension afflictive de la peine dépend son efficacité. « Pour qu'une peine obtienne son effet, il suffit que le mal de la peine excède le bien résultat du délit, dans cet excédent de mal on doit calculer l'infaillibilité de la peine et la perte du bien que le délit produirait. Tout ce qui est en plus est donc superflu, et par là même tyrannique[77] ». Sans écarter le caractère infamant de la peine, Beccaria conseille au législateur de faire coïncider la réprobation sociale produite par la peine avec la réprobation sociale que suscite la commission même de l'infraction. Il l'invite également à ne pas abuser du caractère infamant de la peine car « [...] l'emploi trop fréquent du pouvoir de l'opinion affaiblit la force de l'opinion même et, [...] l'infamie d'un grand nombre n'est bientôt l'infamie de personne[78] ».

Enfin, pour l'Anglais Bentham, la force dissuasive de la peine ne peut se passer ni de son caractère afflictif ni de son caractère infamant, car c'est l'essence même de la peine que d'être un mal réprouvé par la société. Toutefois, il souligne que ce n'est pas la « peine réelle » mais la « peine apparente » « qui influe sur la conduite des sujets[79] ». Par conséquent, bien qu'il faille infliger des peines réelles, il conclut que « c'est

---

76 MONTESQUIEU, *De l'esprit des lois*, nouvelle éd., Paris, Garnier, 1871, p. 79.

77 BECCARIA (C.), *op. cit.*, p. 227.

78 *Ibid.*, p. 215.

79 BENTHAM (J.), « Théories des peines légales », in *Œuvres de Jérémie Bentham, jurisconsulte anglais*, Ed. E. Dumont, t. II, Bruxelles, Coster et Cie, 1829, p. 20.

principalement pour l'exemple, parce que la réalité de la peine est nécessaire pour en produire l'apparence[80] ».

Quoi qu'il en soit, même si l'objectif de prévention de la peine a été reconnu par les théories pénales dominantes durant les deux derniers siècles, il faut toutefois comprendre que la dissuasion générale ou la dissuasion spéciale n'est qu'un postulat rationnel dont il est impossible d'estimer la réalité pratique. En effet, l'efficacité de la prévention générale est bien incertaine, comme l'illustre ce propos paradoxal de Kellens qui dit que « la menace de la peine n'apparaît efficace, en principe, que pour les catégories de personnes pour lesquelles elle n'est pas utile[81] ». La prévention ne serait « efficace » que dans sa forme générale, c'est-à-dire à l'égard des individus qui ne seront jamais des délinquants ou du moins qui ont pu l'être mais qui s'en sont complètement écartés.

Concernant la dissuasion spéciale, celle-ci repose également sur la fonction rétributive de la peine, en ses caractères afflictif et infamant mais également sur d'autres notions. En effet, Michel van de Kerchove relève qu'il est traditionnel depuis l'avènement de la pensée utilitariste de distinguer, outre l'intimidation de la personne condamnée elle-même par la rétribution, la neutralisation chez la personne de son pouvoir de nuire et sa réhabilitation, qui devrait éteindre son désir criminel[82].

Nous avons pu évoquer la fonction de resocialisation de la peine dans des développements antérieurs. À l'origine, cette resocialisation doit être comprise dans un sens exclusivement moral et pédagogique. Toutefois, lorsqu'elle est assimilée à

---

80 *Ibid.*

81 KELLENS (G.), *La mesure de la peine. Précis de pénologie et de droit des sanctions*, Liège, Faculté de droit, d'économie et de sciences sociales de Liège, p. 94.

82 VAN DE KERCHOVE (M.), *op. cit.*, p. 209.

l'idée de traitement scientifique, elle peut rapidement basculer vers le dernier socle sur lequel repose la dissuasion spéciale, à savoir la neutralisation chez la personne délinquante de son pouvoir de nuire.

Ainsi, c'est ici que l'on pénètre dans une part inquiétante de l'évolution de la pénalité contemporaine qui semble davantage tournée vers la dangerosité des individus, c'est-à-dire à raison de ce qu'ils sont, plutôt que vers la culpabilité, qui repose sur la responsabilité morale d'un individu auteur d'une infraction. « [...] Toute la philosophie de prévention spéciale qui a sous-tendu les principales transformations de notre politique criminelle jusqu'à il y a peu, a précisément consisté à déplacer le fondement de la peine de la gravité de l'infraction vers la dangerosité du délinquant, aboutissant à réduire d'autant la fonction rétributive de la peine au profit d'une fonction de neutralisation ou de réhabilitation[83] », lit-on ainsi de la plume des professeurs Tulkens et van de Kerchove.

B. L'élimination du délinquant « dangereux »

Contrairement à ce qu'avance la CNCDH dans son avis sur la réforme de 2014, qui estime que la consécration des finalités de protection de la société et de prévention de la récidive ne saurait être interprétée comme une nouvelle manifestation d'un « droit pénal perméable à une certaine criminologie et donc à la notion floue de dangerosité[84] », la dangerosité se cache bien, à notre sens, derrière ces deux finalités inscrites par le législateur.

L'emprise de plus en plus forte de la dangerosité sur le droit pénal français est un sujet ô combien intéressant, qui appelle à être analysé sous un prisme pluridisciplinaire, allant de l'étude des doctrines pénales à la philosophie du droit, en

---

83 TULKENS (F.), VAN DE KERCHOVE (M.), *op. cit.*, p. 321.

84 Commission nationale consultative des droits de l'Homme, *op. cit.*, p. 7.

passant notamment par la médecine, et qui nécessiterait des recherches et études étendues. Par conséquent, devant la complexité et l'ambiguïté de la notion de dangerosité, nous nous contraindrons à lui consacrer modestement les quelques lignes suivantes.

D'un point de vue théorique, la notion de dangerosité n'est pas nouvelle. Apparue en même temps que la notion de criminologie, la notion de dangerosité est le fondement qu'a développé l'école positiviste italienne, à la fin du XIXème siècle, avec des auteurs comme Garofalo, Lombroso et Ferri. Les tenants des théories positivistes préconisaient ainsi de remplacer la pénalité inscrite dans les textes de loi par des mesures dites de « sûreté » dont la durée est indéterminée, de manière à neutraliser par l'exclusion physique de la société les individus jugés dangereux, c'est-à-dire qui ne peuvent être « corrigibles ».

Le droit positif français a ainsi pu s'imprégner de ces théories. Avant même la loi n° 2008-174 du 25 février 2008 relative à la rétention de sûreté et à la déclaration d'irresponsabilité pénale pour cause de trouble mental[85], que le Professeur Pradel, dans son commentaire du texte, a d'ailleurs qualifié de « loi des criminels dangereux[86] », la notion de dangerosité faisait déjà partie intégrante du droit pénal français. À titre d'exemple, elle apparaissait ainsi de manière implicite dans certaines dispositions des codes répressifs, comme à l'article 706-53-2 du Code de procédure pénale, au sujet du fichier judiciaire national automatisé des auteurs d'infractions sexuelles ou violentes (FIJAIS), dont certaines dispositions sont justifiées par « la dangerosité de la

---

85 Loi n° 2008-174 du 25 février 2008 relative à la rétention de sûreté et à la déclaration d'irresponsabilité pénale pour cause de trouble mental, *JORF* n° 48 du 26 février 2008, p. 3266.

86 PRADEL (J.), « Une double révolution en droit pénal avec la loi du 25 février 2008 sur les criminels dangereux », *D.* 2008, chron., p. 1000.

personne » depuis la loi n° 2007-297 du 5 mars 2007 relative à la prévention de la délinquance[87]. Cet article a pourtant été modifié à plusieurs reprises, par la loi n° 2010-242 du 10 mars 2010 tendant à amoindrir le risque de récidive criminelle et portant diverses dispositions de procédure pénale, la loi n° 2011-939 du 10 août 2011 sur la participation des citoyens au fonctionnement de la justice pénale et le jugement des mineurs[88] et la loi n° 2012-409 du 27 mars 2012 de programmation relative à l'exécution des peines[89]. Or, la mention relative à la dangerosité est toujours présente dans le texte.

Toutefois, il est vrai que c'est réellement à partir de la loi du 25 février 2008 que l'on a pu parler « d'intégration plus systématique de la dangerosité parmi les critères de la politique criminelle et du traitement des procédures[90] ». Cette loi met en œuvre la rétention de sûreté et prévoit deux applications procédurales selon que l'on a affaire à un délinquant jugé dangereux sur le plan criminologique, concept extrêmement flou et ambigu, ou à un individu jugé dangereux sur le plan psychiatrique. Pour la dangerosité criminologique, la loi prévoit qu'un délinquant, après exécution d'une peine de réclusion criminelle de quinze ans, pourra faire l'objet d'une rétention de sûreté, sorte de « peine après la peine ». Pour la dangerosité psychiatrique, l'individu atteint d'un trouble

---

87 Loi n° 2007-297 du 5 mars 2007 relative à la prévention de la délinquance, *JORF* n° 56 du 7 mars 2007, p. 4297.

88 Loi n° 2011-939 du 10 août 2011 sur la participation des citoyens au fonctionnement de la justice pénale et le jugement des mineurs, *JORF* n° 185 du 11 août 2011, p. 13744.

89 Loi n° 2012-409 du 27 mars 2012 de programmation relative à l'exécution des peines, *JORF* n° 75 du 28 mars 2012, p. 5592.

90 GARRAUD (J-P.), « Réponses à la dangerosité », Rapport sur la mission parlementaire confiée par le Premier ministre sur la prise en charge des individus dangereux, Paris, *La Documentation française*, 18 octobre 2006, p. 15.

mental devra comparaître devant une juridiction pénale qui pourra apprécier l'imputabilité matérielle des faits et ainsi appliquer des mesures de sûreté à son encontre.

À la suite du vote de la loi par procédure d'urgence dans un climat houleux et des critiques négatives du texte provenant tant des professionnels de la justice que de la doctrine, l'opposition a fait appel au Conseil constitutionnel pour se prononcer sur sa constitutionnalité. Le Conseil constitutionnel a alors entretenu la confusion qui existe toujours aujourd'hui entre les mesures de sûreté et la peine dans sa décision du 21 février 2008[91]. Validant le texte de loi à quelques points près, il a notamment indiqué que la surveillance de sûreté n'était ni une peine ni une sanction à caractère punitif, et qu'elle était donc d'application immédiate. Il a également considéré que la rétention de sûreté présentait toutes les caractéristiques d'une peine et que, dès lors, elle devait se soumettre au principe de non-rétroactivité applicable aux peines. Cette décision confuse exprime ainsi le « malaise » qui habite le Conseil constitutionnel lorsqu'il s'agit de se prononcer sur les mesures de sûreté et plus largement sur la notion de dangerosité, dans sa forme psychiatrique comme criminologique[92].

L'idée est donc bien de protéger la société, en prévenant tout risque de récidive, par la neutralisation du délinquant jugé dangereux, dans le sens criminologique, c'est-à-dire qui

---

91 Cons. constit. 21 février 2008, n° 2008-562 DC, *Loi relative à la rétention de sûreté et à la déclaration d'irresponsabilité pénale pour cause de trouble mental*, *JORF* n° 48 du 26 février 2008, p. 3272 ; *AJDA* 2008. 714, note P. Jan; *D.* 2008. 1359, chron. Y. Mayaud; *D.* 2008. 2025 obs. V. Bernaud et L. Gay, *D.* 2009. 123, obs. G. Roujou de Boubée, T. Garé et S. Mirabail; Constitutions 2010. 235, obs. M. Disant ; *RSC* 2008. 731, note C. Lazerges ; *ibid.* 2009. 166, obs. B. de Lamy ; *JCP* 2008. AR166 ; *JCP* 2008. II. 10077, note J-Ph. Feldman ; *LPA* mars 2008, p. 3, note F. Chaltiel.

92 LAZERGES (C.), « La rétention de sûreté : le malaise du Conseil constitutionnel », RSC, 2008, p. 731.

présente une forte probabilité de commettre de nouvelles infractions. Mais comment évaluer cette dangerosité supposée ? Et si cette évaluation était possible, qui, entre les professionnels de la justice et les professionnels de la psychiatrie, aurait la légitimité pour la réaliser ?

La dangerosité est donc une notion qui participe à la définition des finalités poursuivies par la peine ou du moins par les mesures de sûreté, dont seul le nom permet aujourd'hui de les différencier d'une peine. Par exemple, certaines peines complémentaires, comme la contrainte pénale, sont des peines dont le régime peut être assimilé à celui qui est prévu pour les mesures de sûreté. La limite est donc maigre entre les deux notions.

À la veille des prochaines réformes de notre droit pénal portées par le gouvernement Philippe[93], il est intéressant de se demander ce que nos gouvernants prévoient de faire ou de ne pas faire vis-à-vis des mesures de sûreté créées par la loi du 25 février 2008. Or, le rapport sur le sens et l'efficacité de la peine, réalisé par le magistrat Bruno Cotte et l'avocate Julia Minkowski, est extrêmement évasif et flou lorsqu'il s'agit des mesures de sûreté. Ainsi, peut-on lire que « sans vouloir entrer dans les vifs débats qu'ont suscités ces mesures lors de leur adoption, force est de constater qu'elles posent de réels problèmes au regard des dispositions de l'article 5 de la Convention européenne des droits de l'Homme et que la question de leur maintien dans le corpus législatif actuel demeure posée[94] ». Si ces quelques lignes reflètent la pensée du législateur, nous pouvons légitimement douter de la réelle remise en cause légale des mesures de sûreté dans un avenir proche.

---

93 LENA (M.), « Chantiers de la justice : synthèse des propositions », *AJ pénal*, 2018, n° 2, p. 79

94 COTTE (B.), MINKOWSKI (J.), *op. cit.*, p. 18.

Plutôt que de chercher à éviter le juste courroux des professionnels de la justice et de la doctrine, fondamentalement défavorables à la survie de telles mesures, le législateur et les acteurs de la politique pénale d'aujourd'hui semblent vouloir poursuivre cette chasse aux récidivistes et à tous ceux que le bon peuple voudrait bien jeter en pâture à des fins sécuritaires et de protection de la société. Mais le jeu vaut-il seulement la peine ?

À côté de cela, une autre finalité a été prévue par le législateur, celle de « restauration de l'équilibre social dans le respect des intérêts de la victime ». Cette formulation étonnante renferme en vérité une autre évolution du sens de la pénalité pour le législateur.

§ 2. La restauration de l'équilibre social dans le respect des intérêts de la victime

D'après Jocelyne Leblois-Happe dans son commentaire de l'article 130-1 du Code pénal, cette troisième finalité de la peine établie par le législateur est la plus intéressante car sa formulation même est nouvelle et interroge[95] (**A**). Certains auteurs ont ainsi pu reprocher à l'article 130-1 un manque de clarté, s'agissant notamment de la mention des « intérêts de la victime[96] », mais il semblerait, au regard des nouveautés qu'apporte la loi du 15 août 2014, que cette finalité fasse appel à des notions de justice restaurative (**B**).

A. Une finalité nouvelle et sibylline

En effet, l'article 132-24 du Code pénal, qui était l'ancien texte reprenant les fonctions et finalités de la peine, ne comportait pas cet objectif d'apaisement social mais

95 LEBLOIS-HAPPE (J.), *op. cit.*, p. 2.

96 SELLIN (J.). « Définir le sens de la peine : un travail de Sisyphe ? Le point de vue du juriste », *Rue Descartes*, vol. 93, 2017, n° 3, p. 124.

comprenait bien « les intérêts de la victime » qui devaient être conciliés avec les autres objectifs de la peine. De même, à la différence du nouvel article 130-1, l'article 132-24 semblait faire de la considération des intérêts de la victime une finalité autonome de la peine, équivalente à la protection effective de la société et la sanction du condamné. Nous pouvons nous demander si cela démontre un recul de la position qu'occupaient les intérêts des victimes jusqu'en 2014. À notre humble avis, même si le texte semble indiquer le contraire, cela n'est vraisemblablement pas le cas dans la pratique et notamment au regard de l'évolution de la place de la victime, tant dans le procès pénal que dans la phase d'exécution de la peine.

Le sens de cette finalité étant très vague, il nous importe donc de nous intéresser aux sens même des mots qui ont été formulés, et c'est le terme *restauration* qui semble être le plus évocateur.

D'après le dictionnaire *Littré*, le terme *restauration* est synonyme de « réparation », et l'action de restaurer signifie « remettre en bon état, en vigueur[97] ». Il s'agirait donc pour la peine de réparer ou rétablir « l'équilibre social ». Sans aucun doute, il est question ici du déséquilibre social qui a été causé à la société et surtout à la victime par la commission de l'infraction. Il faut donc que la peine replace les membres de la société atteints par la commission de l'infraction dans la situation antérieure à celle-ci. Nous visons spécifiquement la victime car c'est l'article 130-1 lui-même qui complète la formulation « restauration de l'équilibre social » par « dans le respect des intérêts de la victime ». Car, en l'absence de cette mention, la restauration de l'équilibre social semble davantage faire référence au rétablissement de l'ordre public qui incombe à l'État. L'assimilation étymologique de la

97 PRUVOST (J.) (sous la direction scientifique de), BLUM (C.) (sous la direction générale de), *op. cit.*, pp. 1214-1215.

restauration avec la réparation ne laisse donc supposer aucun doute quant à l'objectif de réparation que la peine doit poursuivre.

L'étude d'impact réalisée au Parlement s'agissant du projet de loi relatif à la prévention de la récidive et à l'individualisation des peines énonce à ce sujet que « la peine a pour principale finalité de restaurer durablement l'équilibre social mis à mal par la commission de l'infraction, c'est-à-dire non seulement de réparer le préjudice causé à la société, mais d'éviter que la réponse pénale ne l'aggrave[98] ».

Néanmoins, malgré ces quelques explications, cette troisième finalité reste obscure, même si elle renvoie explicitement à la notion de réparation car, comme l'indiquent certains auteurs, le terme *réparation* est devenu protéiforme aujourd'hui et cache donc des réalités différentes[99].

Cette finalité ferait ainsi appel à la notion civiliste de réparation, qui est incarnée en droit pénal par l'action civile. En effet, depuis la Révolution française, le droit de la peine sépare l'action publique de l'action civile qui, d'après les termes de l'article 2 du Code de procédure pénale, sert à « la réparation du dommage causé par un crime, un délit ou une contravention ». Le lien ténu qui peut encore unir l'action publique à l'action civile est essentiellement procédural, même si la nature répressive de l'action civile est parfaitement reconnue aujourd'hui. Si l'action civile a une finalité répressive c'est avant tout parce qu'elle permet à la victime constituée partie civile de mettre en mouvement l'action publique. Devant une juridiction pénale, la réparation que la victime constituée partie civile peut demander se fera pas l'allocation

---

98 Projet de loi relatif à la prévention de la récidive et à l'individualisation des peines : étude d'impact, 7 octobre 2013, p. 69.

99 PAILLARD (B.), *La fonction réparatrice de la fonction pénale*, Paris, LGDJ, 2007, p. 27.

de dommages-intérêts à hauteur du dommage causé par l'infraction commise.

Il semblerait toutefois que la réparation permise par la pénalité puisse dépasser sa seule dimension civiliste et l'incarner totalement. Effectivement, depuis la loi n° 2007-297 du 5 mars 2007 relative à la prévention de la délinquance, l'article 131-8-1 du Code pénal prévoit une nouvelle peine, à savoir la sanction-réparation. Selon cet article, cette peine consiste en « l'obligation pour le condamné de procéder, dans le délai et selon les modalités fixées par la juridiction, à l'indemnisation du préjudice de la victime ». Comme le souligne le Professeur Muriel Giacopelli au sujet de la sanction-réparation, « la réparation érigée en peine ne semble pas se confondre avec l'action en réparation de l'article 2 du Code de procédure pénale[100] ». Autrement dit, le fondement de l'action civile reste la responsabilité civile et elle ne peut être confondue avec la réparation prévue à titre de punition par la sanction-réparation.

Cependant, nous pouvons nous demander si la restauration de l'équilibre social ne dépasse pas la simple compensation pécuniaire de la victime pour également se fonder sur une réparation symbolique. En effet, la finalité de « restauration de l'équilibre social dans le respect des intérêts de la victime » semble faire écho à l'article 10-1 du Code de procédure pénale instauré par la loi du 15 août 2014 qui semble consacrer ce que l'on appelle la « justice restaurative ».

B. Le développement de la justice restaurative

Avant la loi du 15 août 2014, aucune disposition légale en France ne portait sur la justice restaurative. La loi du 15 août 2014 a ainsi créé un Sous-titre II dans la Partie préliminaire du Code de procédure pénale, intitulé « De la justice

---

100 GIACOPELLI (M.), « Libres propos sur la sanction-réparation », *D.* 2007, p. 1551.

restaurative », situé entre le Sous-titre I relatif à l'action publique et l'action civile et le Sous-titre III relatifs aux droits des victimes. Cette loi a donc créé l'article 10-1 du Code de procédure pénale qui se situe dans ce nouveau Sous-titre II. Son premier alinéa dispose que « à l'occasion de toute procédure pénale et à tous les stades de la procédure, y compris lors de l'exécution de la peine, la victime et l'auteur d'une infraction, sous réserve que les faits aient été reconnus, peuvent se voir proposer une mesure de justice restaurative ». Cet article constitue donc bien le fondement textuel de la justice restaurative.

Le champ d'application des mesures de justice restaurative s'étend donc à tous les stades de la procédure pénale, bien que la phase post-sentencielle semble être le temps privilégié pour rapprocher la personne condamnée et la victime. En outre, l'article 707 IV alinéa 2 du Code de procédure pénale dispose qu'au stade post-sentenciel « la victime a le droit d'obtenir la réparation de son préjudice, par l'indemnisation de celui-ci ou par tout autre moyen adapté, y compris, s'il y a lieu, en se voyant proposer une mesure de justice restaurative ». Ainsi, « une marge de manœuvre est laissée à tous les professionnels de la justice, qui pourront dès lors recourir à une telle mesure au cours de l'enquête, de l'instruction, au cours de l'audience de jugement et aussi durant l'exécution des peines[101] ». L'autorité judiciaire compétente ou les professionnels chargés de la mise en œuvre des mesures de justice restaurative pourront ainsi être saisis, mais ce droit n'appartient qu'à la victime de l'infraction et non pas à la personne condamnée, ce qui est assez regrettable dans le cadre d'une justice ayant pour objectif de restaurer un certain équilibre social entre

---

101 HECK (I.), sous la direction de CIMAMONTI (S.), *La justice restaurative*, Mémoire en droit, Université d'Aix-Marseille, 2016, p. 81.

plusieurs protagonistes[102]. Le déséquilibre social est-il uniquement celui de la victime ?

À cet égard, la finalité de restauration de l'équilibre social dans le respect des intérêts de la victime inscrite dans l'article 130-1 du Code pénal semble donc prendre davantage de sens. Mais quelle est donc la réelle philosophie portée par la justice restaurative ?

Ses principes reposent sur la participation volontaire des victimes, de leurs proches et des condamnés à un processus de réparation et de responsabilisation. Le consentement de ces différents acteurs est donc fondamental. Le but n'est pas de contraindre ces acteurs à se rapprocher les uns les autres mais de les informer, via des professionnels formés et diligentés, des possibilités offertes par les mesures restauratives afin qu'ils soient suffisamment préparés si jamais ils consentent à y participer. La justice restaurative nécessite ainsi une recherche du pardon, chez le condamné, et une ouverture d'esprit et un certain altruisme chez la victime et ses proches. L'objectif est avant tout de rétablir une certaine harmonie sociale, entre les différents protagonistes qui sont en proie à des souffrances et des remords. Cette forme de dialogue doit être bénéfique pour chacun des acteurs y participant.

Ainsi, « les délits ne sont plus considérés uniquement comme des transgressions de la loi faisant l'objet de sanctions légales imposées par l'autorité publique mais plutôt comme des conflits dont les répercussions personnelles doivent être

---

102 SAYOUS (B.), CARIO (R.), « La justice restaurative dans la réforme pénale : de nouveaux droits pour les victimes et les auteurs d'infractions pénales », *AJ pénal*, 2014, n° 10, p. 465.

réparées en prenant en considération les besoins et les intérêts des personnes concernées[103] ».

De même, il est à souligner que la justice restaurative ne se focalise pas uniquement sur le duo victime et délinquant. Elle fonctionne aussi avec des « communautés », entendues comme des groupes de discussion et d'écoute dont les membres peuvent partager les mêmes souffrances et ainsi se reconstruire ensemble.

La justice restaurative doit donc reposer avant tout sur la participation volontaire et active des personnes intéressées. L'autorité judiciaire ou l'administration pénitentiaire a pour seul rôle d'accompagner les acteurs et de contrôler la mise en œuvre des mesures restauratives par le milieu associatif compétent. La diversité des mesures restauratives devrait permettre de trouver les solutions les plus adaptées aux besoins de chacun, tout en respectant les droits de la victime et du condamné.

Néanmoins, près de quatre années après l'établissement formel dans la loi de la justice restaurative, sa mise en œuvre reste difficile. Cela peut notamment s'expliquer par le fait qu'elle reste encore très peu connue du grand public. Cette méconnaissance repose notamment sur un manque de volonté des institutions étatiques et judiciaires de la promouvoir, de l'évaluer et de la comprendre, car la culture judiciaire française est encore profondément attachée à la loi et au monopole étatique sur le droit pénal, la puissance publique ayant du mal à déléguer une partie du droit de la peine à des acteurs privés, même encadrés publiquement.

Seuls un développement encadré des droits de la victime et un changement de perception de notre système judiciaire pourraient permettre l'épanouissement d'une justice dont les

103 C BÉAL (C.), « Justice restaurative et justice pénale », *Rue Descartes*, vol. 93, 2017, n° 3, p. 58.

avantages sur le plan humain sont certains. Aussi, il ne fait aucun doute que le législateur a apporté une conception bienvenue de la peine, et que la justice restaurative, si elle est finalement reconnue, a de belles perspectives devant elle.

Ainsi, pour conclure, dans l'article 130-1 du Code pénal, le législateur a le mérite de se positionner sur les fonctions et finalités de la peine, ces dernières permettant de comprendre le sens même qu'il souhaite attribuer à la pénalité. De plus, il est évident que la définition des fonctions et finalités de la peine apportée par le législateur en 2014 dans l'article 130-1 du Code pénal est formulée d'une bien meilleure manière que celle de l'article 132-24 du même code, permettant notamment de les différencier les unes des autres dans le texte. Aussi, l'article 130-1 donne une définition valable des fonctions et finalités pour tous les stades de la « vie » de la peine (encourue, prononcée et exécutée), ce qui est tout à fait louable.

Néanmoins, tout n'est pas parfait dans cet article 130-1. Les fonctions et finalités de la peine telles qu'inscrites dans ce texte témoignent d'une confusion dans la pensée du législateur et d'un manque certain de cohérence, et ce, à de nombreux égards.

Chapitre 2. Les écueils du sens textuel de la peine

La définition des fonctions et finalités de la peine apportée par le législateur au sein de l'article 130-1 du Code pénal peut paraître claire dans sa structure, notamment parce qu'elle permet en apparence de séparer les fonctions et finalités de la peine, ce que l'article 132-24 du même code ne faisait pas.

En réalité cette nouvelle définition reflète d'une part, une incohérence qui ne permet pas à la pénalité d'être conforme à la réalité de la pratique (**Section 1**) et d'autre part, une certaine équivocité des fonctions et finalités de la peine au regard de la pensée pénale moderne, dans toute sa diversité, et des évolutions contemporaines de la pénalité (**Section 2**).

Section 1. Une définition incohérente des fonctions et finalités de la peine

Bien qu'ayant fortement gagné en clarté en comparaison des anciennes dispositions de l'article 132-24 du Code pénal, l'article 130-1 du même code présente, à notre sens, de nombreuses incohérences.

Ainsi, au lieu d'avoir consacré un sens unique de la punition, le législateur aurait dû embrasser sa pluralité, notamment afin de correspondre à la diversité des peines existantes (**§ 1**). De même, la structure de l'article 130-1 du Code pénal et l'ordonnancement des fonctions et finalités de la peine ne permet aux acteurs du système répressif, et en particulier le juge, d'en tirer un sens pragmatique, nécessaire lors du temps du prononcé et de l'exécution de la peine (**§ 2**).

§.1 La nécessité d'un sens pluriel de la peine

Là est le principal écueil de l'article 130-1 du Code pénal. Le sens de la peine était autrefois unique car il était essentiellement entendu à l'égard de la peine privative de liberté qui a été un temps la peine d'excellence, solution à tous les maux de la société. Lorsque le législateur a consacré pour la première fois les objectifs de la peine, dans la seconde moitié du XXème siècle, par exemple à l'ancien article 728 alinéa 2 du Code de procédure pénale, il limitait de manière quasi exclusive sa réflexion à la seule peine privative de liberté. Certes, il est à noter que la question du sens de la peine est profondément liée à la crise de nos prisons, qui restent aujourd'hui la peine de référence, mais il ne s'agirait pas de restreindre cette réflexion au seul prisme carcéral. Or, le nouveau Code de procédure pénale entré en vigueur au 1er mars 1994, que l'on a appelé « le Code des peines », n'a pas non plus été favorable au développement d'une définition exhaustive des objectifs des peines au regard de leur diversité.

Pourtant, aujourd'hui, le système répressif se compose bel et bien d'un éventail de peines diverses et variées et dès lors, il semble plus adéquat de parler d'une pluralité de sens de la peine.

Cette multiplication des peines, et donc de leur nature, peut s'expliquer par différentes raisons. Cela est notamment dû à la volonté du législateur et des acteurs de la politique pénale au cours du XXème siècle de prendre davantage en compte la personnalité de l'auteur de l'infraction au regard du développement post-guerres mondiales des droits de l'Homme. Dès lors, certaines natures de la peine ont été écartées comme la peine de mort ou les peines perpétuelles incompressibles car contraires aux droits les plus fondamentaux de l'Homme[104]. De cette manière, des peines de natures différentes ont vu le jour.

De même, devant l'échec de la peine privative liberté en France, dont l'effet criminogène est indiscutable aujourd'hui et les conditions de mises en œuvre indignes, le législateur a souhaité développer de nouvelles pénalités qui permettraient aux personnes condamnées d'éviter la peine privative de liberté ou de la raccourcir, afin de permettre à ces individus de se réinsérer plus facilement dans la société. Il s'agit notamment des peines dites de probation, dont la contrainte pénale est l'une des émanations les plus récentes.

Dès lors, la position adoptée par le législateur dans l'article 130-1 du Code pénal est bien problématique s'agissant de la richesse des peines, comme l'affirme Jennifer Sellin, d'après laquelle « [...] ce texte pose question, au regard de la diversité des peines contenues dans notre arsenal répressif[105] ». En effet, si la structure de l'article 130-1 du Code pénal permet d'appréhender de manière plus claire le sens de la peine, celle-ci demeure perfectible d'un point de vue substantiel.

En effet, certaines fonctions et finalités de la peine n'ont pas de portée générale. Il faut comprendre ici qu'elles ne peuvent être appliquées à toutes les peines existantes aujourd'hui. La seule exception pourrait concerner la fonction de sanction de l'auteur de l'infraction, censée correspondre à la rétribution, étant donné que par principe toutes les peines ont pour caractère d'être afflictives, même si la « souffrance » causée par l'obligation d'effectuer un stage, dont le coût est tout de même supporté par le condamné, n'est pas comparable à celle que l'on peut retrouver en incarcération, puisque pour les stages c'est leur dimension pédagogique qui prévaut. Néanmoins, cette dimension afflictive peut manquer

---

104 COCHARD (M-A.), « La multiplication des peines : diversité ou dilution ? », *Dr. pén.*, n° 9, Septembre 2015, dossier 9, pp. 9-10.

105 SELLIN (J.), *op. cit.*, p. 120.

pour certaines peines comme la peine d'affichage de la décision de condamnation prononcée ou de diffusion de celle-ci prévue à l'article 131-35 du Code pénal qui ne comporte qu'une dimension infamante.

De même, la fonction « d'amendement, d'insertion ou de réinsertion » est inadéquate pour certaines peines et certaines personnes juridiques. Comment celle-ci peut-elle s'appliquer à des personnes morales ? Il est vrai que certaines juridictions ont pu reconnaître que des personnes morales pouvaient souffrir[106] ou être atteintes dans leur honneur[107], mais il ne s'agit ici que de décisions d'opportunité qui restent marginales. Dès lors, la fonction de resocialisation ne semble pas être adaptée aux peines applicables aux personnes morales.

En outre, certaines peines répondent davantage à une fonction de neutralisation du condamné (dont nous verrons dans les prochaines lignes qu'elle n'est pas explicitement consacrée par le législateur) qu'à une fonction d'amendement. Par exemple, c'est notamment le cas des peines d'annulation et de suspension du permis de conduire qui finalement « se préoccupent bien davantage d'écarter du volant les conducteurs constituant un danger pour le public que d'en faire des automobilistes normaux[108] ».

Ainsi, il est vrai que l'article 130-1 du Code pénal présente un sens de la peine formellement lisible, nous permettant de distinguer les fonctions de ses finalités telles qu'inscrites par le législateur. Néanmoins, au regard de la diversité des peines actuelles mais également de la variété des auteurs

---

106 Cass. crim. 27 mai 2003, n° 02-84.136, inédit; Constr. urb. 2004, n° 73, obs. D. Sizaire.

107 Cass. crim. 22 juin 1999, n° 98-80.593, *Bull. crim.* 1999, n° 142; *D.* 2000. Somm. 35, obs. Y. Mayaud.

108 BOULOC (B.), *Droit de l'exécution des peines*, Paris, Dalloz, 5ème éd., 2017, p. 49.

d'infractions, qu'il soit question de personne physique ou morale, ou même de majeur ou mineur, il semblerait qu'un sens unique de la peine ne puisse être adéquat et correspondre à ce que l'institution pénale met effectivement en œuvre. Par conséquent, il n'est pas plus adapté au travail du juge qui, au regard des récentes jurisprudences, peut rencontrer des difficultés lorsqu'il doit motiver le choix de la peine prononcée. Un certain pragmatisme est donc également absent de l'article 130-1 du Code pénal.

§.2 La nécessité d'un sens pragmatique de la peine

Le sens de la peine tel qu'inscrit à l'article 130-1 du Code pénal présente sans aucun doute un caractère idéaliste. Or, au regard de la diversité des peines que nous avons évoquée antérieurement, il apparaît nécessaire de consacrer un sens de la peine qui puisse être compris et utilisé par les acteurs du système répressif, et en particulier les juges.

En plus des nombreuses modifications apportées par la loi n° 2014-896 du 15 août 2014, cette dernière a également consacré les fonctions et finalités de la peine à tous ses stades. Autrement dit, le sens de la peine, tel qu'il est défini à l'article 130-1 du Code pénal, est applicable à tous les stades de la « vie » de la peine, à savoir la peine encourue, la peine prononcée et la peine exécutée. Il importe donc au juge, qu'il s'agisse globalement du juge de la juridiction de jugement ou du juge de l'application des peines (JAP), de maîtriser le sens de la peine.

Dès lors, la motivation de la peine devient le temps où ses fonctions, mais surtout ses finalités, peuvent être utilisées, mises en avant par le juge pour justifier le choix de la peine prononcée. La motivation revêt ainsi une importance capitale quant à l'intelligibilité du ou des sens de la peine. Il nous faut donc revenir sur la motivation de la peine et sur ses évolutions ces dernières années.

Autrefois, le principe en la matière était l'absence de motivation de la peine, ce qui correspondait au choix discrétionnaire de la peine par le juge. Ce principe pouvait connaître quelques exceptions étant donné qu'il existait des hypothèses d'exigences spéciales et exceptionnelles de motivation de la peine dans le droit français. Par exemple, existait une motivation spéciale en matière de droit des étrangers pour écarter la peine d'interdiction du territoire national.

De même, une motivation spéciale était exigée en matière correctionnelle si le juge prononçait une peine d'emprisonnement sans sursis, conformément à l'article 132-19 du Code pénal. Cet article était resté lettre morte jusqu'à la loi n° 2009-1436 du 24 novembre 2009 pénitentiaire[109] par laquelle le législateur avait souhaité faire de la peine d'emprisonnement ferme une peine exceptionnelle. L'article 132-24 avait été modifié à cette occasion et présentait le caractère *ultima ratio* de la peine d'emprisonnement ferme. Ainsi, le juge devait expliquer non seulement que la peine d'emprisonnement prononcée était nécessaire et que toute autre sanction était inadéquate mais également exprimer le cas échéant pourquoi il n'avait pas pu aménager la peine d'emprisonnement ferme prononcée.

---

109 Loi n° 2009-1436 du 24 novembre 2009 pénitentiaire, *JORF* n° 273 du 25 novembre 2009, p. 20192.

Or, un revirement de jurisprudence a eu lieu au mois de février 2017. En effet, trois arrêts du 1er février 2017[110] ont créé une nouvelle exigence prétorienne de motivation générale dans le choix de la peine correctionnelle par le juge, mettant fin au principe d'absence de motivation de la peine. Dans l'un de ces trois arrêts, s'agissant d'une peine d'amende, il est notamment dit par la Chambre criminelle que la motivation de la décision prise doit être rendue « au regard des circonstances de l'infraction, de la personnalité et de la situation personnelle de l'auteur, en tenant compte de ses ressources et de ses charges ». La jurisprudence pose donc une nouvelle règle de motivation de toutes les peines correctionnelles du fait de l'exigence selon laquelle en matière correctionnelle toute peine doit être motivée au regard de la gravité des faits, de la personnalité de son auteur et de sa situation personnelle, conformément à l'article 132-1 du Code pénal et à l'article 485 du Code de procédure pénale.

Toutefois, en matière criminelle, ce revirement jurisprudentiel n'était pas applicable et seule la motivation sur la décision de culpabilité était exigée, la motivation de la peine prononcée étant systématiquement censurée par la Cour de cassation, comme l'indique la Chambre criminelle dans ces

---

110 Cass. Crim. 1er février 2017, n° 15-83.984, *Bull. crim.* 2017, n° 29 ; *Dalloz actualité*, 16 février 2016, obs. C. Fonteix ; *D.* 2017. 961, note C. Saas ; *ibid.* 1557, chron. G. Guého, E. Pichon, B. Laurent, L. Ascensi et G. Barbier ; *ibid.* 2501, obs. G. Roujou de Boubée, T. Garé, C. Ginestet, M.-H. Gozzi, S. Mirabail et E. Tricoire ; *JCP* 2017. 277, note J. Leblois-Happe ; *Dr. pén.* 2017. Comm. 69, obs. E. Bonis-Garçon ; n° 15-84.511 ; *Dalloz actualité*, 13 février 2017, obs. D. Poupeau ; *ibid.* 15 février 2017, obs. S. Lavric ; *AJDA* 2017. 256 ; *D.* 2017. 961, note C. Saas ; *AJ pénal* 2017. 175, note E. Dreyer ; *AJCT* 2017. 288, obs. S. Lavric ; n ° 15-85.199 ; *Dalloz actualité*, 16 févrer 2017, obs. S. Fucini ; *D.* 2017. 961, note C. Saas ; *ibid.* 2501, obs. G. Roujou de Boubée, T. Garé, C. Ginestet, M.-H. Gozzi, S. Mirabail et E. Tricoire ; *JCP* 2017. 277, note J. Leblois-Happe.

trois arrêts rendus le 8 février 2017[111]. Cependant, par une décision du 2 mars 2018 répondant à une question prioritaire de constitutionnalité (QPC), le Conseil constitutionnel s'est prononcé en faveur de la motivation des peines par les Cours d'assises[112]. Faisant appel à l'article 8 de la DDHC de 1789, les Sages ont affirmé que « le principe d'individualisation des peines, qui découle de l'article 8 de cette déclaration, implique qu'une sanction pénale ne puisse être appliquée que si le juge l'a expressément prononcée, en tenant compte des circonstances propres à chaque espèce. Ces exigences constitutionnelles imposent la motivation des jugements et arrêts de condamnation, pour la culpabilité comme pour la peine ». L'alinéa 2 de l'article 365-1 du Code de procédure pénale, qui prévoit ce que devait contenir la motivation de la déclaration de culpabilité par les Cour d'assises, a ainsi été déclaré inconstitutionnel, et sera abrogé le 1er mars 2019[113]. Dès lors, en Cour d'assises, la motivation sur la déclaration de culpabilité s'accompagnera de la motivation sur la peine prononcée.

Il faut également noter qu'à la suite de cette nouvelle exigence de motivation des peines correctionnelles par la Cour de cassation et celle des peines criminelles par le Conseil constitutionnel, la Chambre criminelle a étendu cette exigence à la matière contraventionnelle, dans un arrêt du 30 mai

---

111 Cass. crim. 8 février 2017, n° 15-86.914, n° 16-80.389, n° 16-80.391, *Bull. crim.* 2017, n° 41 ; *Dalloz actualité*, 21 février 2017, obs. S. Fucini ; *D.* 2017. 1557, chron. G. Guého, E. Pichon, B. Laurent, L. Ascensi et G. Barbier ; *ibid.* 1676, obs. J. Pradel.

112 Cons. constit., 2 mars 2018, n° 2017-694 QPC, *M. Ousmane K. et autres [Motivation de la peine dans les arrêts de cour d'assises]*, JORF n° 52 du 3 mars 2018 ; obs. D. Goetz.

113 Le projet de loi de programmation 2018-2022 et de réforme pour la justice réécrira probablement cet article en reprenant la solution dégagée par le Conseil constitutionnel.

2018[114]. En l'espèce, il était question d'un individu qui, s'étant vu notifier une amende forfaitaire pour conduite d'un véhicule à une vitesse excessive eu égard aux circonstances, avait formé une requête en exonération de cette amende forfaitaire et qui avait été condamné à la suite de celle-ci à une amende de 135 €. Suivant un pourvoi en cassation pour non-respect de l'exigence de motivation, la Chambre criminelle est venue donner raison à cet individu (sans pour autant casser l'arrêt attaqué), cette dernière affirmant que « en application des articles 132-1 et 132-20 du Code pénal, 485, 543 et 593 du Code de procédure pénale et des principes constitutionnels tels que dégagés dans la décision n° 2017-694 QPC du 2 mars 2018, la juridiction qui prononce une peine d'amende doit motiver sa décision au regard des circonstances de l'infraction, de la personnalité et de la situation personnelle de son auteur, en tenant compte de ses ressources et de ses charges ».

Si cet arrêt peut être surprenant par la référence à une décision du Conseil constitutionnel[115] par la Cour de cassation, il l'est avant tout car il étend l'exigence de motivation à la matière contraventionnelle, alors que la Chambre criminelle avait énoncé la solution inverse en matière d'amende quelques mois plus tôt, affirmant que « les juges, en prononçant les peines d'amende pour les contraventions qu'ils ont retenues, ont fait usage d'une faculté qu'ils tiennent de la loi[116] ». Aussi, la seule limite à cette nouvelle exigence en matière contraventionnelle est qu'elle ne vaut que pour l'avenir, à compter de cet arrêt du 30 mai 2018, ceci étant justifié par le

---

114 Cass. crim. 30 mai 2018, n° 16-85.777 ; *Dalloz actualité*, 8 juin 2018, obs. Goetz ; *D.* 2018, 1208 ; *Dr. pénal* 2018, n° 144, note Bonis ; *Gaz. Pal.* 26 juin 2018, p. 23, note Bachelet ; *LPA* 28 juin 2018, p. 8, note Dadoun ; *AJ pénal* 2018, n° 9, p. 407, note Perrier

115 PERRIER (J-B.), « La diffusion de la motivation : de la Constitution aux contraventions », *AJ pénal*, 2018, n° 9, p. 407.

116 Cass. crim. 30 janvier 2018, n° 16-87.072, n° 17-80.878.

principe de bonne administration de la justice reconnu par le Conseil constitutionnel.

Ainsi, devant cette obligation qui pèse désormais sur les tribunaux et cours en matières contraventionnelle, correctionnelle et criminelle, il est absolument nécessaire de rendre plus pratique l'article 130-1 du Code pénal.

Or, les fonctions et finalités prévues par l'article 130-1 sont entendues comme cumulatives et non alternatives. Autrement dit, il n'est pas possible pour la juridiction de prononcer une certaine peine sans faire référence à toutes les fonctions et finalités de la peine inscrites à l'article 130-1. La juridiction ne peut ainsi renvoyer, par exemple, à la seule fonction de resocialisation de la peine. Cela est fort regrettable puisque c'est bien le juge, lors du prononcé de la peine, qui a la possibilité de donner au condamné une part de sens à la peine, l'autre part revenant au condamné lui-même.

Jennifer Sellin présente ainsi dans son commentaire téléologique cette limite de l'article 130-1 du Code pénal, en enjoignant le législateur français à prendre exemple sur le législateur canadien qui dans l'article 718 de son Code criminel distingue les finalités individuelles des finalités collectives de la peine et les prévoit de manière alternative. Ainsi, « un tel catalogue permettrait aux juridictions de choisir – au moment du prononcé – la justification la plus pertinente[117] ».

Peut-être est-il enfin temps d'inscrire dans la loi des fonctions et finalités de la peine qui pourront être adaptées à l'éventail des peines de notre système répressif, de manière à ce que les juges puissent user de justifications adéquates dans le prononcé des peines. Cette possibilité permettrait de donner davantage de sens au travail qu'effectuent les juges mais également de donner à la peine un sens intelligible pour les condamnés.

---

117 SELLIN (J.), *op. cit.*, pp. 124-125.

Cependant, s'il ne fait aucun doute que la nouvelle exigence prétorienne de motivation des peines paraît « [...] satisfaisante en ce que la motivation des sanctions participe non seulement au respect du principe d'individualisation des peines mais également à la compréhension et, partant, à l'acceptation des décisions de justice[118] » et qu'une réécriture pragmatique de l'article 130-1 du Code pénal convergerait également dans ce sens, il faut nuancer quelque peu notre propos antérieur.

En effet, certaines voix dans la doctrine ont des réserves s'agissant des garanties assurées par cette nouvelle exigence de motivation des peines « [...] car cette motivation n'implique pas nécessairement la transparence[119] ». Les magistrats rédigeant *a posteriori* les « motifs » qui légitiment leur choix, il faut s'attendre à ce que la motivation des peines prononcées tende seulement à respecter les critères imposés par la Cour de cassation lors de son contrôle accru de normativité et de proportionnalité. D'autant plus qu'il semble que la Cour de cassation se soit engagée dans un mouvement jurisprudentiel ayant pour but de préciser, peine par peine, le contenu à intégrer par les magistrats dans l'énoncé de leur motivation, à l'image des critères de la motivation de la peine de confiscation[120]. Si cela est fort utile pour les juges qui voient leur travail s'accroître considérablement avec cette nouvelle exigence prétorienne, ceci peut également avoir pour effet de normaliser et formater le contenu de la motivation des peines, les juges cherchant davantage à éviter la cassation que de faire

---

118 PRIOU-ALIBERT (L.), « De la motivation des peines correctionnelles », *Dalloz Actualité*, 11 avril 2018.

119 DREYER (E.), « Pourquoi motiver les peines ? », *D.* 2018, n° 11, p. 576.

120 V. Cass. crim. 27 juin 2018, n° 16-87.009 ; *Dalloz actualité*, 24 juillet 2018, obs. Recotillet ; *D.* 2018, n° 27, 1494 ; *RTD Com.* 2018, n°3, p. 804, obs. Bouloc.

réellement comprendre le choix de la peine au condamné ou à la victime.

Quoi qu'il en soit, l'article 130-1 du Code pénal présente également une autre difficulté. Les fonctions et finalités de la peine telles que définies par le législateur de 2014 illustrent une certaine confusion dans sa pensée et ne permettent pas de retranscrire un sens clair et distinct de la peine.

Section 2. Une définition équivoque des fonctions et finalités de la peine

Le caractère équivoque de la définition des fonctions et finalités de la peine apportée par le législateur se traduit par une confusion même entre les fonctions et finalités de la peine (§ **1**). Cette confusion s'explique notamment par l'hétérogénéité des paradigmes de la peine, d'hier comme d'aujourd'hui, et les évolutions que connaît la pénalité, dont le législateur et les politiques pénales contemporaines se nourrissent abondamment malgré leurs contradictions (§ **2**).

§.1 La confusion entre fonctions et finalités de la peine

« Reste à savoir si la distinction opérée par la loi entre les fonctions et finalités de la peine est pertinente[121] » s'inquiétait le Professeur Leblois-Happe dans son commentaire de l'article 130-1 du Code pénal. En effet, la simple lecture de cet article, en comparaison de ce que les anciennes dispositions de l'article 132-24 du même code prévoyaient, nous invite à nous demander si les fonctions et finalités de la peine sont bien séparées distinctement les unes des autres par le législateur. Les anciennes dispositions de l'article 132-24 mettaient ainsi sur le même pied d'égalité, sans les définir comme des fonctions ou finalités de la peine, « la protection

---

121 LEBLOIS-HAPPE (J.), *op. cit.*, p. 3.

effective de la société, la sanction du condamné et les intérêts de la victime avec la nécessité de favoriser l'insertion ou la réinsertion du condamné et de prévenir la commission de nouvelles infractions ». Ainsi, les formulations utilisées dans l'article 130-1 s'éloignent très légèrement de celles que contenait l'article 132-24, mais cela nous permet de constater qu'une certaine confusion régnait déjà dans l'esprit du législateur de 2007 et que celle-ci a continué à exister dans celui du législateur de 2014.

En outre, il suffit de consulter les débats parlementaires ayant eu lieu au sujet de la loi n° 2014-896 du 15 août 2014 pour réaliser que, dans la pensée du législateur, les fonctions et finalités se confondent et se superposent. Ainsi peut-on lire dans le projet de loi relatif à la prévention de la récidive et à l'individualisation des peines du 9 octobre 2013 que « le projet distingue les finalités de la peine lors de son prononcé - sanctionner le condamné et favoriser son amendement, son insertion ou sa réinsertion - et celles qui président à sa mise en œuvre[122] ». Pour les parlementaires, la sanction du condamné et sa resocialisation seraient ainsi des finalités et non plus des fonctions. Certes, on se trouve ici à de nombreux mois de l'adoption définitive du projet de loi mais il est tout de même paradoxal de confondre les finalités et les fonctions de la peine dans les débats précédant l'adoption d'une loi alors même que le but premier de l'article 130-1 est d'apporter une définition claire et cohérente de celles-ci. La « sanction » infligée par la peine ne peut en aucun cas être qualifiée de finalité, étant donné qu'elle est effectivement le rôle joué par la peine, sauf peut-être dans le cas où la peine n'est jamais mise à exécution, mais il s'agit ici ni plus ni moins d'une défaillance de notre système répressif qui ne devrait pas avoir lieu.

---

122 Projet de loi relatif à la prévention de la récidive et à l'individualisation des peines, n° 1413, 9 octobre 2013, p. 6.

De même, un autre élément illustre une certaine forme de confusion, mais nous convenons que cela est subsidiaire : ce même projet de loi discuté au Parlement utilise le terme *objectifs*[123] pour qualifier les fonctions ou finalités de la peine, ceci pouvant causer de nouvelles confusions.

Effectivement, comme nous avons pu le rappeler dans l'introduction de la présente démonstration, par *fonction*, il faut comprendre le « service d'un but supérieur et commun[124] », une « mission[125] » ou une « action propre à chaque emploi[126] ». Par *finalité*, on entend « ce à quoi est ordonnée une action et l'action d'y tendre ; ce qu'il s'agit d'obtenir ; ce qui est attendu d'une entreprise pour finir[127] », ainsi que le « critère important pour juger de l'orientation, des tendances, de la nature et de la valeur d'une réforme, d'une opération commerciale, d'un montage financier, de toute activité consciente et organisée[128] ». « On admet que rien n'est et ne se fait que pour une fin voulue et déterminée[129] », poursuit le *Littré*.

Pour Jocelyne Leblois-Happe, les fonctions et finalités de la peine sont distinctes : « Les finalités de la peine sont ce vers quoi elle tend, ses fonctions traduisent ce à quoi elle sert. [...] Peut-on vraiment soutenir que la protection de la société, la prévention des infractions à venir et la restauration de l'équilibre social sont des objectifs à atteindre tandis que la

---

123 *Ibid.*, p. 51.

124 CORNU (G.), ASSOCIATION HENRI CAPITANT (sous la direction de), *loc. cit.*

125 *Ibid.*

126 PRUVOST (J.) (sous la direction scientifique de), BLUM (C.) (sous la direction générale de), *loc. cit.*

127 CORNU (G.), ASSOCIATION HENRI CAPITANT (sous la direction de), *loc. cit.*

128 *Ibid.*

129 PRUVOST (J.) (sous la direction scientifique de), BLUM (C.) (sous la direction générale de), *op. cit.*, p. 571.

sanction du condamné et sa réinsertion sociale sont-ce à quoi la peine parvient nécessairement ?[130] »

Étant donné que de la réunion des fonctions et des finalités de la peine découle son sens, il est inconcevable d'affirmer vouloir apporter un sens cohérent et éclairé de la pénalité en confondant ses fonctions et finalités. Ces confusions, que le législateur ne peut légitimement ignorer, sont d'autant plus problématiques qu'elles effacent tout simplement certaines fonctions de la peine et ne prennent pas en compte certaines évolutions, souhaitées ou non, de la pénalité, engendrées par le législateur lui-même lors des dernières décennies.

Cela concerne plusieurs fonctions de la peine.

Tout d'abord, il en est ainsi de la vocation dissuasive de la peine qui est énoncée dans le code comme une finalité de la peine mais qui est présentée par les spécialistes du droit des peines comme une fonction de celle-ci. Ainsi, le Professeur Michel van de Kerchove présente la prévention comme « la fonction de freiner, voire d'empêcher l'accomplissement de comportements jugés indésirables[131] ».

Ensuite, la fonction d'élimination, permise par la peine de mort, ou de neutralisation, notamment par l'incarcération, l'intensité étant le critère de distinction entre les deux, est également la grande absente de l'article 130-1 du Code pénal. Il faut toutefois préciser que les finalités de prévention de la récidive et de protection de la société, en plus d'incarner la fonction dissuasive de la peine, incarnent tout de même cette fonction. Aujourd'hui, le retour du concept de dangerosité dans notre système répressif permet à cette fonction d'être associée aux mesures de sûreté voire à certaines peines dont

---

130 LEBLOIS-HAPPE (J.), *loc. cit.*

131 VAN DE KERCHOVE (M.), *op. cit.*, p. 8.

le régime s'y apparente. La peine privative de liberté suppose elle-même une part de neutralisation.

Enfin, la fonction réparatrice de la peine n'est pas explicitement consacrée par l'article 130-1 du Code pénal mais celle-ci est extrêmement ambiguë, et peut se retrouver aisément à travers la notion de « restauration de l'équilibre social » du texte ou même à travers certaines peines comme la sanction-réparation. À certains égards, la réparation apparaît également en droit de l'exécution des peines comme une condition de l'octroi de certains aménagements de peine.

À la lecture des débats parlementaires, cette consécration incomplète des fonctions de la peine peut s'expliquer par la conception, déjà évoquée dans notre démonstration, selon laquelle la peine prononcée et la peine exécutée ne présenteraient pas les mêmes fonctions. Ainsi, lit-on dans l'étude d'impact du projet de loi que « [...] sont distingués deux temps, celui du prononcé de la peine qui emprunte à la fois aux conceptions rétributives et utilitaristes de la peine, et celui de son exécution, au cours duquel la dimension éducative de la peine prend toute son ampleur[132] ». Or, il nous faut rappeler encore une fois ici que ce raisonnement est erroné et que les seules fonctions jouées par la peine sont celles qu'elle effectue réellement, peu importe qu'il s'agisse du stade de son prononcé ou de son exécution.

Alors comment expliquer une telle confusion entre les fonctions et finalités ? Il semblerait que le législateur soit d'une certaine manière « victime » de la richesse et de la diversité des théories de la peine moderne qui ont vu le jour depuis le XVIIIème siècle. Les différentes notions avancées par les théoriciens du droit ont pu entrer en contradiction les unes avec les autres et « troubler » la pensée du législateur et des acteurs de la politique pénale d'aujourd'hui. De même, cette

132 Projet de loi relatif à la prévention de la récidive et à l'individualisation des peines : étude d'impact, 7 octobre 2013, pp. 69-70.

confusion peut aussi s'expliquer par certaines évolutions que traverse la pénalité et qui se retrouvent entre les lignes de l'article 130-1 du Code pénal.

§.2 Le sens de la peine : carrefour de rationalités divergentes

L'expression « carrefour de rationalités divergentes[133] » renvoie directement à un ouvrage de Michel Foucault dans lequel cette formulation reprend de manière concise la difficulté pour le législateur et les acteurs de la politique pénale de donner aujourd'hui un sens à la peine. Cela est notamment le fruit des plusieurs siècles de théories sur la pénalité qui ont pu faire appel à des notions qui se superposent et se contredisent. Ainsi, « dans nos sociétés contemporaines, on ne sait plus exactement ce qu'on fait quand on punit et ce qui peut, au fond, au principe, justifier la punition ; tout se passe comme si nous pratiquons une punition en laissant voir, sédimentées un peu les unes sur les autres, un certain nombre d'idées hétérogènes qui relèvent d'histoires différentes, de moments distincts, de rationalités divergentes[134] ».

Cette difficulté s'explique par la pluralité, et souvent la contradiction, des paradigmes de la peine d'autrefois. En effet, les différentes théories et mouvements dans l'histoire qui ont questionné le sens de la pénalité constituent les fondements de la pénalité d'aujourd'hui, telle que nous la connaissons. Cette difficulté s'explique également au regard des différentes évolutions contemporaines que connaît la pénalité. Ainsi se justifie la confusion qui peut régner, à notre sens, dans l'article 130-1 du Code pénal au sujet des fonctions et finalités de la peine. Il est aisé pour le législateur de les confondre, de leur donner une dénomination qui ne correspond pas à ce qu'elles

---

133 FOUCAULT (M.), *Dits et écrits*, tome IV, Paris, Ed. Gallimard, 1994, 895 p.

134 *Ibid.*, p. 691.

devraient réellement être, car le *sens* d'une chose, en matière de « significations », s'acquiert par l'usage de mots, et lorsque la pratique se détourne de la sémantique, les mots ne veulent plus rien dire.

Quoi qu'il en soit, il ne s'agit pas ici de s'interroger sur les conceptions les plus anciennes et primitives de la peine, car cela reviendrait à faire un saut très lointain dans le temps, mais de s'intéresser, sans aspirer à l'exhaustivité, aux théories dites « modernes » de la peine qui ont tenté depuis le siècle des Lumières de donner une raison d'être à la peine, afin de rendre accessible et intelligible son sens pour le législateur mais également pour tous les acteurs du système répressif, dont l'autorité judiciaire. C'est notamment le point de départ historique choisi par les professeurs Tulkens et van de Kerchove dans leur manuel sur la « généalogie de la pensée pénale[135] ».

Traditionnellement, l'ensemble des paradigmes dominants de la peine, depuis le siècle des Lumières, s'articulent autour de deux grandes théories, que sont les modèles déontologiques et les modèles conséquentialistes de la peine[136].

Dans les modèles déontologiques, on considère que l'individu reconnu comme l'auteur d'une infraction se doit nécessairement d'être condamné à une peine proportionnelle à la gravité de l'infraction commise. Ici, on retrouve donc la conception rétributive de la peine qui défend l'idée selon laquelle le mal infligé par l'auteur d'une commission de l'infraction appelle en réponse à un mal tout à fait équivalent. Autrement dit, on se trouve dans une conception dite « juste » de la peine. Le droit de la peine est ici dans une dimension objective qui fait de l'acte commis le centre de gravité de la

---

135 TULKENS (F.), VAN DE KERCHOVE (M.), *op. cit.*, p. 5.

136 BÉAL (C.), DELIA (L.), *op. cit.*, p. 1.

peine, et non la personne du condamné, qui trahirait une dimension subjective du droit pénal. Le regard de la pénalité est ici bien fixé sur le passé, sur l'acte commis, et non sur l'avenir, sur le devenir de la personne du délinquant. Les philosophes Kant et Hegel font ainsi partie des tenants de ce modèle de justice rétributive et ces derniers ont toujours exprimé leur attachement aux principes de légalité, exprimé par Beccaria, d'égalité et de proportionnalité.

Néanmoins, cette conception déontologique, qui avait pu être en recul à la suite de la Seconde Guerre mondiale, a été d'une certaine manière réadaptée aujourd'hui à travers une obsession sécuritaire de lutte contre la criminalité dangereuse qui rend notamment le système répressif de plus en plus sévère.

Dans le modèle conséquentialiste, la pénalité ne doit pas simplement punir le délinquant pour l'acte infractionnel qu'il aurait commis mais elle doit également avoir des effets utiles. La peine serait ainsi tournée vers l'avenir et devrait produire des effets à l'encontre du condamné, de la société et de la victime. C'est une conception subjective de la pénalité, qui se fonde davantage sur l'individu condamné que sur l'acte infractionnel. Cela a été conceptualisé dans de nombreuses théories notamment celle de l'utilitarisme classique défendu par Bentham mais aussi dans le mouvement de défense sociale nouvelle et les modèles réhabilitatifs. La prévention et la réhabilitation constituent alors les deux vocations de la peine dans cette conception.

Ces deux modèles ont pu être reformulés à travers d'autres conceptions. Ces nouvelles conceptions n'ont pas détourné le sens originel de ces théories mais l'ont en quelque sorte réadapté au regard des évolutions contemporaines. Ainsi, le Professeur Gassin a pu assimiler ce modèle déontologique de la peine à ce qu'il a appelé « les fonctions symboliques » de la peine, qui s'opposeraient à ses « fonctions instrumentales » assimilées au modèle conséquentialiste[137]. Ces deux familles de fonctions constitueraient d'après Gassin « les fonctions sociales[138] » de la peine. Les fonctions instrumentales seraient celles qui ont pour but de réduire la délinquance, par la dissuasion, la neutralisation, l'intimidation individuelle et la resocialisation, alors que les fonctions symboliques correspondraient à celles qui font de la sanction pénale « un symbole représentant et renvoyant à une valeur socio-culturelle fondamentale, abstraction faite de toute préoccupation d'efficacité[139] ».

Ces deux modèles ont également pu être « fusionnés » en des conceptions intermédiaires qui ont pu mêler « le juste » du modèle déontologique et « l'utile » du modèle conséquentialiste. Cette fusion peut être illustrée par la fameuse maxime : « Punir ni plus qu'il n'est juste ni plus qu'il n'est utile. »

Quoi qu'il en soit, ces modèles ont donc été amenés à évoluer, à fusionner, à être reformulés par différents auteurs de champs disciplinaires plus ou moins différents. Ces réadaptations sont tout à fait légitimes en ce qu'elles s'expliquent par l'évolution même de notre civilisation et de nos sociétés, et la peine se doit donc d'être « mise à jour ». De nouvelles évolutions sont d'ailleurs à l'œuvre aujourd'hui et ont sans doute un impact majeur sur les sens et la mise en œuvre de la peine. Il serait impensable de répertorier les différentes évolutions que connaît la pénalité aujourd'hui, et encore moins celles qu'elle pourrait connaître demain. Pour autant, il semble possible de mettre en lumière certaines mouvances qui affectent notre droit de la peine et qui, de fait, changent profondément les sens de la peine. En vérité, le sens

137 GASSIN (R.), « Les fonctions sociales de la sanction pénale dans le nouveau Code pénal », *Les cahiers de la sécurité intérieure*, 1994, n° 18, p. 50.

138 *Ibid.*

139 *Ibid.*, p. 52.

de la peine inscrit à l'article 130-1 du Code pénal, à travers ses fonctions et finalités, ne correspond pas à ce qui est réellement mis en œuvre, ce qui dénote une certaine confusion de la part du législateur.

Nous pensons notamment à ces dérives vindicatives illustrées par la société qui, exacerbée par le discours politique sécuritaire, se saisit tous azimuts des affaires les plus horribles dont les médias se font un plaisir de relayer à foison, afin d'imposer sa propre justice privée et ce, au détriment des principes de droit et de justice les plus fondamentaux.

Dès lors, poussée par cette obsession sécuritaire, une pénalité fondée sur la surveillance et la traçabilité des individus jugés dangereux se développe. Ce retour de la dangerosité, incarné en partie par la loi n° 2008-174 du 25 février 2008 relative à la rétention de sûreté et à la déclaration d'irresponsabilité pénale pour cause de trouble mental, imprègne désormais le droit de la peine, sans pour autant que l'article 130-1 ne le reflète de manière explicite. Dans la pratique, la présence des mesures de sûreté, dont certaines voix pourraient nous dire avec raison qu'il ne s'agit pas ici de peine *stricto sensu*, le développement de peines complémentaires dont le régime n'est pas lointain de celui applicable aux mesures de sûreté, et la multiplicité des fichiers judiciaires nationaux illustrent parfaitement ce nouveau paradigme de la dangerosité et des risques, incarnant une certaine conception préventive de la peine. Car aujourd'hui, « prévenir, c'est d'abord surveiller, c'est-à-dire se mettre en position d'anticiper l'émergence d'événements indésirables au sein de populations signalées comme porteuses de risques[140] ».

À titre d'évolutions, nous pourrions également évoquer de nouveau le développement de la justice restaurative, ou encore l'émergence des modes alternatifs de règlement des conflits,

---

140 CASTEL (R.), *La gestion des risques*, Paris, Ed. De Minuit, 1981, p. 145.

qui tendent à démontrer qu'est concevable une autre justice privilégiant la médiation, la réparation et la réintégration.

En outre, tout ceci doit être également concilié avec une nouvelle rationalité de la peine qui s'est imposée à tous et dont le législateur ne semble pouvoir et vouloir se détourner. Il s'agit ici de l'idée d'une justice bradée, de résultats, qui s'explique notamment par le manque conséquent de moyens alloués à la justice, qu'ils soient financiers ou humains, et ce, depuis plusieurs décennies déjà.

Ainsi, aussi ironique que cela puisse paraître, c'est la justice pénale même qui est devenue « prisonnière » de cette rationalité qui cherche davantage à être économe et rapide, au détriment des justiciables et professionnels de ce système. Le développement d'une logique d'efficacité, terme que l'on peut retrouver dans la loi n° 2014-896 du 15 août 2014 et qui est d'ailleurs confondu par le législateur et les politiciens avec l'efficience et l'effectivité, traduit cette nouvelle justice expéditive et toujours plus déjudiciarisée, voire dématérialisée.

Pour finir, l'ultime changement qui se produit sous nos yeux à une vitesse effarante et à laquelle la justice ne peut pas échapper, est l'avancée technologique. Celle-ci est si soudaine qu'elle pourrait même être qualifiée de « révolution ». Les avancées technologiques réinventent le droit et modifient le lien qu'il entretient avec ses acteurs et les justiciables. La justice prédictive par exemple, qui permettrait à l'aide de statistiques et algorithmes d'anticiper les solutions à des contentieux juridiques, est directement liée au développement de l'intelligence artificielle. Aussi, en matière d'exécution des peines, les nouvelles technologies permettent la création ou l'aménagement de nouvelles peines, qu'il était impossible de concevoir il y a quelques décennies. Dès lors, nous ne croyons pas nous méprendre en affirmant que les pénalités de demain se verront attribuer de nouvelles fonctions et finalités auxquelles les pénalités d'aujourd'hui ne peuvent répondre.

Nul doute que d'autres évolutions du droit pénal auraient pu être présentées ici mais il s'agissait moins de les énoncer dans leur totalité que d'affirmer la diversité de quelques-unes. Par conséquent, ces paradigmes pénaux, entremêlés aux évolutions que connaît aujourd'hui notre pénalité, ne permettent plus réellement de donner des sens audibles à la peine. Le présent écrit ne constitue sous doute pas une exception et nous n'avons pas l'arrogance d'affirmer qu'il évite certaines confusions. Aussi, peut-être perdrons nous nos lecteurs dans l'immensité de la pensée pénale moderne.

À propos de la quête du sens de la peine par le législateur, le Professeur Philippe Robert affirme que « le risque est alors grand d'accorder trop de poids aux déclarations d'intention enflammées qui sont accoutumées en ce domaine ou encore aux idées ou aux théories criminologiques, et donc insuffisamment aux pratiques concrètes[141] ». Là est le risque de tout texte de loi ayant une portée symbolique comme l'article 130-1 du Code pénal.

Le contenu des débats parlementaires reflète à merveille la volonté du législateur de s'intéresser davantage à la forme et aux mots choisis plutôt qu'au fond. Bien qu'il faille sans aucun doute avoir le sens de la formule notamment pour un texte qui a la prétention d'indiquer des notions aussi floues que les fonctions et finalités de la peine, il aurait peut-être été préférable d'adapter le texte à ce que le système répressif peut réellement mettre en œuvre plutôt que de chercher à faire croire que les pratiques seront conformes à un texte qui repose sur des fondements théoriques de la philosophie du droit. D'autant plus qu'il est aisé pour le législateur de se perdre dans cet océan qu'est la pensée pénale moderne s'agissant de la peine et de ses sens.

---

141 ROBERT (P.), « Généalogies et recompositions pénales contemporaines », *Les cahiers de la justice*, 2010, n° 4, p. 22.

Certes, cela aurait été l'aveu d'un certain échec de la peine mais le texte tiendrait au moins ses promesses et ne serait pas qu'utopie. « [...] La norme ne peut transformer à elle seule le réel et les vertus du déclaratif sont illusoires[142] » affirme ainsi le Professeur Martine Herzog-Evans. Cela ne revient pas à affirmer que la consécration des fonctions et finalités de la peine à l'article 130-1 du Code pénal est superflue. Nous n'aurions nullement la hauteur d'affirmer une telle chose. Bien au contraire, même s'il présente certains écueils, le texte a le mérite d'apporter davantage de clarté que son prédécesseur sur les fonctions et finalités de peine, et d'oser se positionner à l'égard de certaines d'entre elles.

Cependant, ce sens textuel, que nous avons qualifié « d'idéal », est une chimère. En effet, la pénalité idéale devrait avoir pour fonctions et finalités celles inscrites dans le texte. Or, c'est faire preuve d'un certain fourvoiement que de croire ou de faire croire que la peine réelle, telle qu'elle est réellement mise en œuvre, correspond effectivement aux dispositions de l'article 130-1 du Code pénal. Mais, après tout, peut-on réellement produire un texte exhaustif et complet, consacrant un ou des sens de la peine correspondant à ce qu'elle est et signifie véritablement ? Se poser la question du sens de la peine et croire que l'on peut y répondre parfaitement, c'est peut-être déjà une illusion.

Il est vrai que l'erreur fondamentale de ce texte, que nous avons pu mettre en lumière, est de croire que le sens de la peine est unique, tant pour celui qui propose la peine, l'aménage, la subit ou la regarde. Il est en effet peu crédible d'affirmer que la peine a le même sens pour le juge, le condamné, la victime et la société.

---

142 HERZOG-EVANS (M.), « Loi Taubira : derrière un angélisme de façade, quelques progrès sur fond de logiques comptables et répressives où l'équité et le réalisme comptent peu », *AJ pénal*, 2014, p. 456

Il semblerait donc que l'attribution de sens à la peine repose essentiellement sur les épaules des praticiens du droit de la peine, seuls ces derniers étant confrontés à ses réalités et à ses représentations par le condamné, la victime et la société. Dès lors, les sens donnés à la pénalité sont incertains, variables selon la juridiction. Si le sens doit être changeant selon l'individu auquel elle s'adresse et selon la pénalité choisie, il est tout de même regrettable que les juges ne puissent se raccrocher à un fil conducteur élaboré par le législateur.

Le sens textuel étant faillible, il apparaît essentiel de s'intéresser aux représentations que certains acteurs concernés par la peine se font de celle-ci.

SECONDE PARTIE

LES REPRESENTATIONS DE LA PEINE : LE SENS REEL DE LA PEINE ?

Après avoir étudié le sens idéal de la peine qui correspond à l'orientation prise par la peine à travers le développement séculaire de la pensée pénale moderne et la consécration dans les textes des fonctions et finalités de la peine telles qu'entendues par le législateur, il nous faut à présent nous intéresser au sens de la peine tel qu'il est perçu par chacun des principaux acteurs concernés par cette dernière au regard notamment de certains effets que celle-ci peut avoir.

Nous n'avons pas souhaité intégrer tous les acteurs de la peine, et en particulier le juge, car cela aurait conduit à avoir une réflexion trop vaste et peu lisible, notamment d'un magistrat à un autre.

Si nous avons décidé d'aborder ces représentations de la peine, c'est avant tout parce que nous estimons que le sens de la peine ne peut être unique et qu'il doit aujourd'hui être saisi au pluriel. En effet, les sens de la peine ne peuvent être compris uniquement à travers le prisme de l'article 130-1 du Code pénal, fondé sur un socle important de fondements théoriques anciens et nouveaux. Il a été justement qualifié « d'idéal » parce qu'il répond à la question de savoir ce que le sens de la peine devrait être, ce vers quoi il devrait tendre et, de ce fait, il donne un sens qui ne peut réellement exister, qui n'est pas conforme à ce qui est fait.

Dès lors, il est inconcevable de s'intéresser au sens de la peine sans s'intéresser aux effets de la pénalité sur les personnes directement concernées et leur perception de ceux-ci. Toutefois, il ne s'agit pas ici de dire qu'elles détiennent *le* ou *les* sens de la peine, une représentation même d'une chose étant subjective et ne correspondant pas à ce qu'elle est vraiment. Ainsi, au regard des effets de la pénalité et de ses évolutions, le sens de la peine a sans aucun doute été perdu pour le condamné (**Chapitre I**), tandis qu'il tend à s'affirmer de manière excessive et alarmante pour la victime et surtout la société (**Chapitre II**).

Chapitre 1. La perte de sens de la peine pour le condamné

Le condamné, étant la personne qui subit les effets directs de la peine, semble être la seule personne qui peut donner le sens de la peine subie le plus exact et le plus authentique.

Toutefois, nous n'affirmons pas qu'il existe un sens unique de la pénalité, sens que tous les condamnés finissent par saisir. En vérité, il y a autant de sens qu'il y a de peines et qu'il y a d'individus pour les subir. Nul doute que pour une même peine subie par deux individus différents, le sens que chacun d'entre eux percevra ne pourra être identique, encore faut-il qu'un sens soit véritablement perçu par au moins l'un d'eux. De même, il ne s'agit pas d'affirmer que subir une peine suffit à en comprendre son sens ou encore moins de dire qu'il est nécessaire de subir une peine pour pouvoir être à même d'en établir un sens. Autrement dit, subir une peine n'est pas nécessairement une condition pour en comprendre le sens, le cas contraire reviendrait à discréditer totalement le présent écrit ainsi que la pensée de tous ceux qui, n'ayant jamais été condamnés pénalement, ont écrit à ce sujet, même parmi les juristes et philosophes les plus illustres. Aussi, subir une peine n'est donc pas synonyme de compréhension de son sens puisque tous les condamnés ne veulent ou ne peuvent donner du sens à la peine qu'ils ont effectuée, quelle que soit la peine.

Il ne sera pas possible d'étudier ici la parole de chacun des condamnés s'exprimant sur des peines différentes et sur le sens qu'ils lui donnent. En revanche, il sera possible de mettre en avant certains éléments, certains sentiments généraux partagés par un grand nombre de condamnés au regard des effets de leur peine, qui permettent de comprendre que la peine, peu importe sa nature mais spécifiquement celle privant de liberté, n'a plus réellement de sens aujourd'hui.

En effet, cette perte de sens de la peine d'un point de vue général est symboliquement la traduction de l'échec de la peine perçue par tous comme la pénalité de référence, à savoir la peine privative de liberté. Car, comme l'illustrent les débats parlementaires autour du projet de loi relatif à la prévention de la récidive et à l'individualisation des peines, si le sens de la peine est aujourd'hui remis en question par le législateur, les acteurs de la peine et la doctrine, c'est grandement le fruit de l'échec constaté de la peine de prison (**Section 1**). De même, à travers l'écart entre la peine prononcée et la peine exécutée, la pénalité connaît aujourd'hui une distorsion qui conforte une certaine incompréhension de la justice pénale par chacun, celle-ci pouvant apparaître ineffective ou laxiste. Ici, il s'agit de s'intéresser à la force symbolique de la peine prononcée qui peut être effacée par une peine inexécutée, exécutée tardivement ou profondément modifiée par les juges (**Section 2**).

Section 1. L'échec de la prison : signe de la perte de sens de la pénalité

La caractéristique principale du système répressif français, bien que cette caractéristique soit partagée par la plupart des systèmes pénaux dans le monde, est la place incontournable de l'incarcération, qui fait figure de peine de référence dans les textes comme dans l'inconscient collectif. En effet, malgré le développement exponentiel de nouvelles peines dans notre système répressif, la peine privative de liberté reste « la forme dominante de la punition[143] ». Dès lors, elle représente le symbole même de la crise que connaît notre système pénal, et donc la crise de sens de la pénalité.

À cet égard, ce sont surtout les conditions indignes de l'incarcération qui causent cette perte de sens de la pénalité

143 GIACOPELLI (M.), « Approche critique de la courte peine d'emprisonnement », *Dr. pén.*, 2014, n° 2, p. 14.

aux yeux du condamné, au point qu'un rapport sénatorial en 2000 a pu qualifier la prison française « d'humiliation pour la République[144] ». Les conditions déplorables de détention favorisent l'insécurité et la violence dans les établissements pénitentiaires plutôt que la poursuite d'un objectif d'insertion ou de réinsertion, ce qui rend inintelligible le sens de la peine de prison pour le condamné (§ **1**). De même, les courtes peines privatives de liberté et les sorties dites « sèches », sans aménagements de peine, favorisent la désocialisation des individus qui sortent de prison et donc le risque de récidive, amenant le législateur à développer des peines alternatives et des mesures pénales de probation (§ **2**).

§.1 Les conditions indignes de détention en France

« La société a le droit de punir mais non de corrompre ceux qu'elle châtie[145] » écrivait Alexis de Tocqueville, affirmant que l'on jugeait de l'efficacité d'un système pénitentiaire à son taux de récidive.

Or, à cet égard, le système pénitentiaire français est bel et bien un échec puisqu'il ne permet pas de réduire véritablement le taux de récidive chez les personnes condamnées à une peine privative de liberté. Pire encore, la prison, terme générique que nous allons utiliser ici afin d'englober les différentes catégories d'établissements pénitentiaires existantes, peut produire ce qu'elle est censée éviter, à savoir la commission de nouvelles infractions. C'est en cela que la prison est qualifiée de « paradoxale » par certains auteurs[146], car elle cherche à permettre la réinsertion des

---

144 CABANEL (G-P.), HYEST (J-J.), « Prisons : une humiliation pour la République », n° 449, Paris, *Les rapports du Sénat*, 2000, 775 p.

145 DE TOCQUEVILLE (A.), Rapport présenté au nom de la Commission chargée d'examiner le projet de loi relatif au régime des prisons, 5 juillet 1843.

146 CÉRÉ (J-P.), *La prison*, 2e éd., Paris, Dalloz, 2016, p. 127.

délinquants tout en étant assimilée dans une certaine mesure à l'école du crime.

Devant l'échec de la peine privative de liberté et alors que l'on cherche à faire du condamné un acteur de sa peine, le sens de la peine de prison continue à lui échapper et même parmi les acteurs de la politique pénale et la doctrine, on se demande si la prison a encore véritablement du sens.

Avant sa médiatisation excessive par la presse en ce début de siècle surinformé, la prison en France a longtemps été un univers inconnu, replié sur lui-même. Néanmoins, les maux que présentent les prisons en France sont aujourd'hui bien connus. Nombre de rapports et d'études ont pu ainsi montrer du doigt ce qu'était la triste réalité pénitentiaire : surpopulation carcérale depuis les années 2000 atteignant des records comparables à la période de la Libération de la France lors de la Seconde Guerre mondiale, dégradations et vétusté des bâtiments pénitentiaires, climat de violences et hausse du taux de suicide chez les incarcérés, manque cruel de personnels et surveillants pénitentiaires, etc. La liste est longue et la situation ne semble pouvoir être inversée par manque de moyens et de volonté politique sans doute.

À ce titre, la France, comme certains autres pays européens, fait l'objet de condamnations fréquentes par la Cour européenne des droits de l'Homme (CEDH) sur le fondement de l'article 3 de la Convention européenne de sauvegarde des droits de l'Homme (CESDH) qui interdit aux États la pratique de la torture et le fait de soumettre une personne relevant de sa juridiction à des peines ou des traitements inhumains ou dégradants[147].

Le cas de la maison d'arrêt de Fresnes, qui fait l'objet aujourd'hui d'un recours par un détenu devant la CEDH sur

---

147 V. Cour EDH 25 avril 2013, n° 40119/09, *Canali c. France* ; *AJ pénal*, 2013, p. 403, obs. J-P. Céré.

le fondement de cet article 3, illustre parfaitement la situation générale que connaissent les prisons françaises car cette dernière « cristallise toutes les atteintes possibles en matière de conditions de détention carcérale[148] ». À côté de la présence de nuisibles comme des rats, des punaises ou des puces, la Section française de l'Observatoire international des prisons (SFOIP) indique que le taux d'occupation de la maison d'arrêt de Fresnes était de 198,7% le 1er mars 2018[149].

La situation de la maison d'arrêt de Fresnes n'est malheureusement pas un cas isolé et d'autres établissements pénitentiaires ont fait l'objet de condamnation européenne.

La surpopulation carcérale en France a ainsi pour première conséquence l'impossibilité de mettre en œuvre le principe d'encellulement individuel tant promu par la loi n° 2000-516 du 15 juin 2000 renforçant la protection de la présomption d'innocence et les droits des victimes[150].

La surpopulation des prisons françaises s'explique par une augmentation du nombre d'incarcérations annuelles depuis plusieurs décennies. Cette surpopulation ne concerne pas tous les établissements pénitentiaires et ce sont en grande partie les maisons d'arrêt qui sont concernées, celles-ci accueillant les prévenus en attente de jugement, les condamnés à de courtes peines inférieures à deux ans d'emprisonnement ou les condamnés en attente d'un placement dans un établissement pour peines. Ces conditions sont encore plus insoutenables pour les condamnés à de longues peines privatives de liberté.

---

148 MUCCHIELLI (J.), « Surpopulation carcérale, insalubrité à Fresnes : le recours au juge des référés est-il effectif ? », *Dalloz Actualité*, 13 juillet 2017.

149 Chiffres et données de la Section française de l'Observatoire international des prisons, 2018.

150 Loi n° 2000-516 du 15 juin 2000 renforçant la protection de la présomption d'innocence et les droits des victimes, *JORF* n° 138 du 16 juin 2000, p. 9038.

Ainsi, selon les chiffres clés de la Justice communiqués par la Chancellerie, sur les 30 dernières années, le nombre d'entrées en prison a fortement augmenté, dépassant même 85 000 en 1980 et au début des années 1990. Cette tendance était à la baisse il y a une dizaine d'années avec deux pics importants qui avaient été constatés en 2006 avec 81 416 nouvelles entrées et en 2007 avec 83 015, mais celle-ci semble s'être de nouveau inversée avec près de 96 358 nouveaux entrants en prison en 2016[151]. Cet accroissement du nombre d'entrées s'explique notamment par l'allongement de la durée moyenne de détention[152].

De même, le recours de plus en plus fréquent à la détention provisoire est une des causes majeures de cette surpopulation carcérale. Dès lors, les propositions faites dans le rapport élaboré par le magistrat Cotte et l'avocate Minkowski sont extrêmement positives. Ces derniers appellent à réfléchir sur la réelle opportunité d'augmenter le taux minimal d'emprisonnement encouru pour pouvoir prononcer une détention provisoire et souhaitent réduire les conditions pour placer un individu en détention provisoire[153].

Ces conditions indignes de détention s'accompagnent également d'un climat de violences fréquentes qui, en plus de faire de la prison un lieu d'insécurité et de tensions quotidiennes, fragilisent psychologiquement les détenus et le personnel pénitentiaire, au point de mener certains d'entre eux au suicide. À cela s'ajoute le développement dans la législation de régimes spécifiques de détention qui

---

151 Données des chiffres clés de la Justice, 2017.

152 CÉRÉ (J-P.), *op. cit.*, p. 132.

153 COTTE (B.), MINKOWSKI (J.), *op. cit.*, pp. 9-10.

restreignent les nouveaux droits acquis par les personnes détenues[154].

Aussi, il nous faut souligner que les détenus ne sont pas les seuls à souffrir de ces tristes conditions carcérales puisque les surveillants pénitentiaires eux-mêmes se retrouvent impuissants et fragilisés, leur voix n'étant pas ou peu entendue par nos gouvernants alors que dans certains établissements pénitentiaires, ces surveillants sont quotidiennement agressés par les détenus.

Ces conditions de détention sont également marquées par une certaine liberté, acceptée et intégrée par tous, détenus et personnel pénitentiaire, et qui peut paraître étonnante dans un lieu de privation de liberté. Il s'agit ici des commerces *intra-muros* de tabac, téléphones ou même de drogues entre les détenus, qui constituent la dernière façon pour les détenus de « résister ». Ces trafics en tout en genre sont aujourd'hui « tolérés » par les directeurs pénitentiaires désemparés, ces derniers, peu soutenus par nos gouvernants, craignant des violences ou révoltes dans leurs établissements. Ainsi, Didier Fassin, dans son ouvrage relatant son enquête de quatre ans en maison d'arrêt, retranscrit la parole de certains détenus à propos de ces trafics qui existent dans les prisons, qualifiant les maisons d'arrêt de « passoires[155] ». Un autre détenu évoque même les plaisanteries de certains surveillants à ce sujet et sa réponse à celles-ci :

- Tiens, tu peux me passer ton téléphone ? J'ai un coup de fil à donner.

- J'peux pas ! Je l'ai oublié dans ma cellule ![156]

---

154 PONCELA (P.), « Peines et prisons : la régression », *RSC*, 2016, n° 3, p. 565.

155 FASSIN (D.), *L'ombre du monde : une anthropologie de la condition carcérale*, Paris, Ed. Points, 2017, p. 260.

156 *Ibid.*

Au regard de ces éléments, il paraît inconcevable d'attendre de la part des détenus une compréhension du sens de leur peine. En effet, comment leur demander d'y voir une aide à la réinsertion lorsque la prison elle-même peut être la source de leur « inadaptation sociale » une fois sortis ? Comment la peine de prison peut-elle remplir son rôle pédagogique lorsqu'elle permet le développement de trafics et violences tels qu'ouvertement décrits par les détenus et le personnel pénitentiaire ? Quel message la prison leur envoie-t-elle ? En vérité, souvent, la prison conforte ou crée des vocations et parcours de délinquance qui se concrétisent ou se renouvellent une fois la liberté acquise.

Néanmoins, tout n'est pas synonyme d'échec dans la prison et son influence criminogène ne touche pas tous les détenus. La prison permet ainsi l'organisation en son sein d'activités professionnelles, culturelles, sportives ou artistiques qui permettent à des détenus d'acquérir certaines compétences, de découvrir une profession ou passion qui pourra être un repère pour eux une fois sortis de prison. Certains parcours de détenus nous montrent que la prison, à défaut d'être un lieu digne de détention, peut être bénéfique voire salvatrice mais ces derniers ne représentent qu'une fraction des détenus.

Il est d'ailleurs regrettable que ces parcours ne soient pas davantage mis en avant, l'ombre qui règne dans les prisons étant sans doute plus frappante que la lumière qui peut de temps en temps s'en échapper. D'autant que, pour l'opinion publique, la prison est synonyme de punition et non de réhabilitation et constater qu'un détenu a tiré bon profit de son temps d'incarcération peut être très mal perçu par cette dernière.

À côté de ces conditions difficiles de détention, une certaine conception de la peine admise dans notre système répressif est également condamnable. Le compositeur

Nicolas Frize, qui s'est notamment consacré à l'univers des prisons, résume dans son ouvrage sur l'idéologie carcérale cette idée selon laquelle ce serait uniquement au délinquant de donner du sens à sa peine : « [...] une idée s'est peu à peu installée dans l'esprit des juges d'instruction : de confier le sens de la peine non plus à l'institution, mais au condamné lui-même ! Qu'il fasse sa peine, qu'il l'invente, l'habite, la vide ou la comble, la refuse (suicide ou évasion) ou y succombe, il lui appartient de s'y adapter, de s'accommoder de sa perplexité, de sa souffrance, de sa nouvelle impuissance ![157] »

Certes, le condamné doit jouer un rôle actif et se donner les moyens, à force de réflexion et travail sur soi, de comprendre sa peine, mais nos institutions doivent être capables de le guider et surtout de le placer dans des conditions favorables à une recherche du sens de sa punition. Par conséquent, si nous voulons redonner du sens à la peine privative de liberté, peut-être faudrait-il mettre un terme à cette misère carcérale qui ne permet pas aux détenus de mettre en œuvre leur peine dans des conditions décentes. Le détenu doit être remis à sa juste place et se soumettre pleinement à une peine privative de liberté, et seulement privative de liberté, qui doit paradoxalement être respectueuse de ses droits et de sa dignité pour lui permettre d'obtenir cette « seconde chance ». Le défi de la prison est ainsi de concilier sécurité et réinsertion.

Néanmoins, aujourd'hui, l'espoir de sauver nos prisons est mince car l'augmentation des moyens alloués au milieu carcéral semble être une utopie. Seules les exigences européennes, notamment à travers le travail d'enquête du Comité de prévention contre la torture du Conseil de l'Europe (CPT) et la jurisprudence de la CEDH, semblent pouvoir

157 FRIZE (N.), *op. cit.*, p. 27.

permettre ce renouvellement de la prison[158], mais les conditions d'incarcération ne sont pas les seuls facteurs de la perte de sens de la prison pour le condamné.

Effectivement, le problème porte sur la nature même de la détention. De manière plus pragmatique et moins ambitieuse, peut-être devrait-on finir par accepter que la peine privative de liberté, dans l'état où elle se trouve aujourd'hui en France, ne puisse permettre la poursuite de certains objectifs que l'on souhaite lui faire atteindre, notamment celui de réinsertion. Cela commence déjà à être le cas avec le développement des peines alternatives à l'emprisonnement mais encore faut-il s'assurer de leur réussite par une réelle volonté politique.

En outre, il semble que le risque de récidive, démontrant l'échec de la peine de prison à réinsérer le délinquant, est fortement favorisé par les courtes peines privatives de liberté ou les sorties dites « sèches » de prison, c'est-à-dire sans aménagements de peine ou accompagnements.

§.2 Les courtes peines privatives de liberté et les « sorties sèches » : facteurs criminogènes ?

Les courtes peines privatives de liberté et les « sorties sèches » de prison semblent constituer les principaux signes d'échec de la peine privative de liberté, d'autant plus que ces deux problématiques se rejoignent à de nombreux égards. Si l'individu se retrouve, peu de temps après sa sortie de prison, devant un tribunal, c'est bien parce qu'il n'a pas saisi le sens de sa peine.

---

158 ANDRIANTSIMBAZOVINA (J.), « Une modernisation progressive du droit des détenus » in *Le droit des détenus : sécurité ou réinsertion ?* Actes du colloque des 3 et 4 avril 2009 organisé par le GENEPI, Université de La Rochelle, Paris, Dalloz, 2010, p. 164.

Il nous incombe donc de comprendre la portée criminogène réelle, exagérée ou fictive, des courtes peines d'emprisonnement ferme (**A**) et des sorties dites « sèches » (**B**).

A. La fugacité des courtes peines privatives de liberté

Les courtes peines d'emprisonnement ferme, qui correspondent à une durée inférieure ou égale à deux ans d'emprisonnement, favoriseraient le risque de récidive parce qu'elles ne permettent pas aux condamnés de saisir à temps et dans des conditions décentes d'incarcération le sens de leur peine.

Le Professeur Jean Pradel confirmait cette « nocivité de la courte peine » en invoquant cinq arguments tendant respectivement à la durée même de la détention, l'obsession du condamné de retrouver une liberté perçue comme très proche, l'impossibilité pour les maisons d'arrêt surpeuplées de mettre en œuvre des mesures de resocialisation efficaces, l'incompatibilité même des activités proposées par le personnel pénitentiaire avec cette catégorie de condamnés et la forte propension de ces derniers à faire de « mauvaises rencontres » dans ce court laps de temps[159]. Au regard de ces multiples éléments, il est ainsi aisé de comprendre que ces courtes peines d'emprisonnement ne permettent pas au condamné de saisir pleinement le sens de sa punition.

Néanmoins, certaines voix dans la doctrine atténuent quelque peu la force de l'affirmation selon laquelle les courtes peines d'emprisonnement sont criminogènes, comme celle du Professeur Martine Herzog-Evans. Sans pour autant remettre totalement en cause une telle affirmation, elle ajoute que « [...] ce qui est criminogène est aussi le type de délinquance auquel

---

159 PRADEL (J.), « Quelques observations sur la courte peine d'emprisonnement en droit français », *RPDP*, 2007, n° 2, p. 296.

se rattache ce type de peine, délinquance par nature fortement réitérante (liée à la consommation de drogue, d'alcool, atteintes aux biens…)[160] ».

À la lecture du rapport annexe au projet de loi de programmation 2018-2022 et de réforme de la justice publié le 20 avril 2018 au sujet de l'amélioration souhaitée de l'efficacité et de l'effectivité de la peine, on peut lire qu'aujourd'hui environ 90 000 des peines prononcées sont des courtes peines d'emprisonnement inférieures à six mois, et que 10 000 d'entre elles sont d'une durée inférieure ou égale à un mois. Ce projet de loi souhaite ainsi que les peines d'emprisonnement ferme d'une durée d'un mois soient purement prohibées comme cela peut se faire dans certains pays comme l'Allemagne[161]. C'est sans aucun doute une mesure qui, si elle voyait effectivement le jour, serait tout à fait bénéfique.

Une telle mesure ne serait pas nouvelle, de nombreuses procédures cherchant à éviter à tout prix le prononcé de courtes peines d'emprisonnement ferme ayant vu le jour ces dernières années. Nous ne pouvons revenir sur chacun des dispositifs mis en œuvre, d'autant que ceux-ci traduisent une complexité et une inintelligibilité du droit de l'application des peines mais nous étudierons les plus importants d'entre eux.

Ont ainsi été promus depuis la loi n° 2004-204 du 9 mars 2004 portant adaptation de la justice aux évolutions de la criminalité, dite « loi Perben II[162] », les aménagements de peine et les alternatives à l'emprisonnement. Les articles 474 et 723-15 du Code de procédure pénale ont ainsi été rédigés. Ils

---

160 HERZOG-EVANS (M.), « Nouveaux enjeux dans l'application des peines », *AJ pénal*, 2011, pp. 177-181.

161 Projet de loi de programmation 2018-2022 et de réforme de la justice – Rapport annexe, 20 avril 2018, p. 19.

162 Loi n° 2004-204 du 9 mars 2004 portant adaptation de la justice aux évolutions de la criminalité, *JORF* n° 59 du 10 mars 2004, p. 4567.

concernent les condamnés non encore incarcérés et tendent à « lutter contre les effets criminogènes des courtes peines d'emprisonnement[163] » par l'action du JAP.

De même, le législateur a souhaité éviter l'emprisonnement ferme à tout prix. Comme nous avons pu le voir avec l'évolution de l'exigence de motivation des peines, une motivation spéciale était exigée en matière correctionnelle pour le juge qui prononçait une peine d'emprisonnement sans sursis, conformément à la lettre de l'article 132-19 du Code pénal. Plus tard, par la loi n° 2009-1436 du 24 novembre 2009, l'article 132-24 avait été modifié et affirmé le caractère *ultima ratio* de la peine d'emprisonnement ferme. L'article 132-19 est également le socle de la systématisation des aménagements de peine puisqu'il prévoit les aménagements *ab initio*, décidés par la juridiction de jugement et non le JAP, et qui sont obligatoires en cas de prononcé d'une peine d'emprisonnement ferme, sauf motivation spéciale.

En outre, la peine de contrainte pénale prévue par la loi n° 2014-896 du 15 août 2014, malgré sa difficile mise en œuvre[164], devait se substituer aux peines d'emprisonnement ferme, et notamment les courtes peines privatives de liberté. Nous savons aujourd'hui qu'elle est très rarement prononcée.

Se pose également le problème de l'effectivité des courtes peines privatives de liberté, effectivité qui est de la charge du Ministère public conformément à l'article 707 du Code de procédure pénale. En effet, un grand nombre de courtes peines privatives de liberté échappent à leur exécution ou sont mises en œuvre tardivement, le sens de la peine étant alors complètement effacé dans l'esprit du condamné qui a pu se

---

163 HERZOG-EVANS (M.), « Les articles 474 et 723-15 ou le sens retrouvé des courtes peines d'emprisonnement. Plaidoyer pour un artisanat judiciaire », *AJ pénal*, 2008, p. 274.

164 PRADEL (J.), « La peine de probation (ou de contrainte pénale) sœur jumelle et inutile du sursis probatoire ? », *RPDP*, 2013, n° 3, p. 517.

détourner de la voie délinquante depuis la décision de condamnation.

La liste des procédures et dispositifs mis en place par le législateur et les acteurs du système répressif pourrait être allongée mais le constat reste le même : malgré tout cela, les juridictions continuent de condamner les délinquants à des courtes peines d'emprisonnement ferme. Si nous ne pouvons reprocher au législateur d'essayer d'inverser cette machine infernale qui s'était fixée comme objectif d'emprisonner à outrance, faute de solution alternative jugée efficace, il faut toutefois reconnaître qu'il est complexe pour les magistrats de se détourner de la peine d'emprisonnement. En effet, le Code pénal lui-même, par sa propension à prévoir une peine d'emprisonnement pour un grand nombre d'infractions, incite les juridictions à se tourner vers celle-ci. Il suffit de consulter certaines infractions inscrites dans notre code répressif pour le réaliser : celui-ci donne une place prépondérante à la peine privative de liberté.

Ainsi, la problématique que posent les courtes peines privatives de liberté et l'impasse dans lequel le système répressif et ses acteurs se trouvent aujourd'hui peuvent être résumées en ces mots : « S'il peut être soutenu que les courtes peines d'emprisonnement sont néfastes dans la mesure où leur exécution emporte plus d'inconvénients que d'avantages, je n'y vois pas une raison suffisante pour les supprimer ; j'y vois, par contre, une raison suffisante pour ne pas les exécuter[165] . » Autrement dit, notre système n'arrivant pas ou ne voulant pas réduire la place de courtes peines privatives de liberté, il serait paradoxalement préférable de continuer à les prononcer mais de ne pas les exécuter.

Malheureusement, la problématique posée par les courtes peines privatives de liberté est bien plus complexe que cela et

---

165 GIET (L.), « La prison, cette redoutable inconnue », *RDPC*, 1987, pp. 12-13.

se poursuit avec celle posée par les « sorties sèches » car ces dernières interviennent généralement pour des personnes condamnées à des courtes peines privatives de liberté.

B. Les « sorties sèches » : un retour brutal en société

« La prison, elle vous prépare à l'incarcération. À l'entrée de la maison d'arrêt, ils devraient mettre un écriteau : "À bientôt ! ". Moi j'ai plus de facilité à être ici que dehors[166] ». Ces mots, qui peuvent tristement prêter à sourire, ont été prononcés par un détenu quinquagénaire, condamné à sept reprises pour des faits de vols avec violence. Cela illustre à merveille ce sentiment répandu chez les multirécidivistes pour qui la prison est devenue leur seconde maison, au point que, chez certains, la liberté effraie davantage que l'enfermement.

Sans aucun doute, les « sorties sèches » ont un effet indésirable sur les personnes détenues et doivent être évitées à tout prix pour leur permettre de se reconstruire une fois leur liberté de nouveau acquise. Car il est un fait avéré que les sorties de prison sans aménagements ou accompagnements propulsent de manière brutale les ex-détenus dans la société, empêchant leur réadaptation et favorisant une nouvelle chute dans la délinquance. Ainsi, dans le rapport au Parlement sur la problématique de la surpopulation carcérale présenté par l'ancien Garde des sceaux Jean-Jacques Urvoas en septembre 2016, on pouvait lire que « les risques de condamnation pour des personnes libérées sans avoir bénéficié d'aucun aménagement de peine restent 1,6 fois plus élevés que ceux des bénéficiaires d'un tel aménagement[167] ».

Comment s'explique alors l'existence d'un grand nombre de « sorties sèches » ? La surpopulation carcérale constitue le

---

166 FASSIN (D.), *op. cit.*, p. 499.

167 URVOAS (J-J.), « En finir avec la surpopulation carcérale », Rapport au Parlement sur l'encellulement individuel, Paris, *La Documentation française*, 2016, p. 47.

premier obstacle à la mise en œuvre de dispositifs et suivis à destination des individus condamnés à de courtes peines privatives de liberté. Ainsi, face à un nombre exponentiel de condamnés et un rythme de travail effréné, les Services pénitentiaires d'insertion et de probation (SPIP) ne sont plus en capacité de prendre en charge tous les condamnés, d'autant plus si leur séjour en prison est de courte durée. Pour autant, les « sorties sèches » sont également problématiques concernant les longues peines d'incarcération.

Dès lors, il n'est pas possible pour les SPIP de construire avec chaque condamné une relation propice à l'accompagnement, à l'évaluation individuelle et à la mise en place d'un projet efficace de réinsertion professionnelle, familiale ou sociale. « En 2013, 97% des personnes condamnées à une peine inférieure à six mois n'ont pu obtenir d'aménagements de peine, par manque de disponibilité des personnels d'insertion et de probation[168] » poursuit ainsi le rapport présenté au Parlement sur la surpopulation carcérale en septembre 2016.

Aussi, le législateur de 2014 a mis en place une procédure d'examen automatique des dossiers des condamnés, sous certaines conditions, afin d'aménager leur fin de peine. Il s'agit de la libération sous contrainte prévue à l'article 720 du Code de procédure pénale qui vient donc remplacer les anciennes procédures d'aménagements de peine, la procédure simplifiée d'aménagement de peine (PSAP) et la surveillance électronique de fin de peine (SEFIP)[169]. La libération sous contrainte a au moins pour mérite de replacer le JAP dans sa fonction d'artisan de l'individualisation de la peine, ce que les deux anciennes procédures simplifiées ne permettaient pas

---

168 *Ibid.*

169 Il convient de préciser que la SEFIP n'était toutefois pas, par nature, une modalité d'aménagement de peine.

totalement, étant donné que la saisine du JAP était alors conditionnée à l'avis positif du Ministère public.

Tout ceci a nécessairement un impact néfaste sur la pénalité et, à défaut de lui retirer totalement son sens aux yeux des condamnés, ces éléments participent sans aucun doute à le déformer, à créer un sens qui ne reflète que les « mauvaises pratiques » faites de la pénalité. Il est aisé, notamment pour un condamné qui a souvent tendance à se placer en victime d'un système judiciaire qualifié d'injuste, de ne retenir que les points négatifs de la peine qui lui a été infligée. D'ailleurs, l'effet potentiellement criminogène de la peine de prison est souvent utilisé comme argument par les condamnés lors des audiences avec le JAP afin d'obtenir certains aménagements de peine[170].

Néanmoins, d'autres éléments, s'attachant notamment au temps de la « vie » de la peine, tiraillent fortement cette dernière. Celle-ci peut ainsi perdre en certitude et en crédibilité, étant donné que l'écart entre la peine prononcée et la peine exécutée tend à s'élargir d'année en année.

Section 2. Les distorsions de la pénalité : peine prononcée et peine exécutée

L'appréhension du sens de la peine par le condamné doit également porter sur les deux moments fondamentaux de la peine que sont le temps de son prononcé et le temps de son exécution. Ces deux visages de la peine, pris individuellement, présentent des particularités propres et le sens de la peine prononcée n'est sans doute pas celui de la peine exécutée.

La peine prononcée revêt une apparence essentielle puisque à travers la parole du juge et la théâtralité du procès pénal, elle a une valeur hautement symbolique. Par la peine

---

170 FASSIN (D.), *op. cit.*, p. 171.

prononcée, la peine encourue est consacrée. Elle devrait ainsi être porteuse de sens pour le condamné, mais à la condition qu'il y ait une certaine continuité entre la peine prononcée et la peine exécutée (**§ 1**). Or, au regard des changements de paradigmes, plus ou moins légitimes, que connaît notre système répressif, celui-ci tendant à investir de plus en plus le champ de l'exécution de la peine, il est inévitable que la peine exécutée s'éloigne de la peine prononcée et devienne le véritable socle du sens de la peine (**§ 2**).

§.1 La valeur symbolique de la peine prononcée

Il s'agit ici de s'intéresser au rôle symbolique que joue la peine prononcée, à travers la parole du juge lors du procès, en ce que cette dernière déclare la culpabilité et la pénalité choisie. Il nous faudra également affirmer ici la nécessité de l'exécution de la peine prononcée, exécution qui doit être proche du prononcé dans le temps et l'espace.

Ce caractère ô combien important de la peine prononcée, qui découle du procès pénal, est essentiellement symbolique. Il s'agit ainsi, d'après le Professeur Michel van de Kerchove, « d'un rôle de renforcement symbolique[171] » qui concerne notamment la « pièce de théâtre » que constitue le procès pénal et dans lequel la peine est prononcée. La peine prononcée importe fortement car elle est « de l'ordre des symboles, des valeurs, des croyances et des principes que les sociétés ont en partage, et de la hiérarchie qui doit régner entre eux[172] ». Le cadre de son prononcé est tout aussi important, « son terrain d'opération est d'abord le théâtre judiciaire et son arme principale la parole : *jurisdictio*[173] ».

---

171 VAN DE KERCHOVE (M.), *op. cit.*, p. 276.

172 CHAUVENET (A.), ORLIC (F.), « Sens de la peine et contraintes en milieu ouvert et en prison », in *Deviance et société*, 2002, p. 446.

173 *Ibid.*

Certes, ce rôle symbolique n'a pas une influence sur l'auteur de l'infraction exclusivement puisqu'il concerne globalement le triptyque classique de la peine incarné par l'auteur de l'infraction, la société et la victime. Néanmoins, même si la justice est rendue au nom du peuple français, la peine est avant tout adressée à l'auteur de l'infraction et c'est seulement pour lui qu'elle devrait véritablement avoir du sens.

Confortant le rôle symbolique de la peine prononcée, un haut magistrat a ainsi pu affirmer avec justesse l'idée suivante : « Le prononcé de la peine emporte, quant à lui, une valeur symbolique non négligeable [...] ; le prononcé de la peine révèle ainsi, de manière conventionnelle, la gravité du fait et plus encore le danger que représente pour la société l'auteur condamné [...] ; toute peine prononcée, quelle qu'elle soit, emporte nécessairement un effet du seul fait de son prononcé et indépendamment de son exécution[174]. » S'il est avant tout question ici de la portée que la peine prononcée a sur la société, il faut aussi reconnaître que les effets de la peine prononcée sont considérables pour la personne du condamné, et ce, avant même que la peine soit mise à exécution.

À cet égard, cette force symbolique de la peine prononcée est à mettre en corrélation avec la fonction rétributive de la peine, notamment parce que cette fonction crée également un certain lien symbolique et moral entre l'infraction commise et la peine, qui doit être proportionnée et aussi grave que le mal commis par l'infracteur. La peine prononcée permet ainsi de sanctionner la violation du contrat social qui engage chaque membre de la société, notamment en réaffirmant l'autorité de la loi et les valeurs sociales défendues. « La valeur expressive

---

174 CLOSE (F.), « Requérir la peine privative de liberté et son exécution », in *La durée et l'exécution des peines – Rapports de la journée du 22 avril 1988*, Liège, Conférence du Jeune Barreau de Liège, p. 33.

de la loi pénale est essentielle[175] » et cette expression est notamment la peine prononcée.

En outre, le procès pénal, par son caractère solennel et théâtral, est le support irremplaçable de la peine prononcée. Sa dimension pédagogique incarnée par le président du tribunal ainsi que les jurés en Cour d'assises ne fait aucun doute. Aujourd'hui, il est peut-être l'un des rares lieux de notre système répressif où la force de la loi et des institutions pèse lourdement sur la personne du condamné. Denis Salas parle ainsi de « moment singulier du procès[176] ».

De même, le fait pour un prévenu ou un accusé d'être directement confronté à sa victime ou sa famille le mène sans aucun doute à la réflexion et à la recherche du sens de son acte et donc de la peine prononcée. Le temps des remords peut alors être salvateur. Certes, il ne faut pas tomber dans une forme d'angélisme puisque des réactions complètement inverses peuvent naître dans l'esprit des condamnés et les conforter ou les enfoncer dans une opposition totale avec l'État, la justice ou pire la société. Le comportement insolent et inadmissible de certains individus lors des audiences l'illustre aisément, la peine prononcée ne revêtant alors plus aucune valeur à leurs yeux.

L'argument selon lequel la peine prononcée aurait une force, une portée autre que la peine exécutée, peut sembler tout à fait contradictoire aux propos que nous tenions en des développements antérieurs puisque cela rejoint l'idée selon laquelle la peine prononcée a des fonctions différentes de celles de la peine exécutée. Or, nous avions largement adhéré à l'argument contraire du Professeur Emmanuel Dreyer selon lequel « la peine ne remplit aucune des fonctions qui lui sont

175 MASSÉ (M.), JEAN (J-P.), GIUDICELLI (A.) (sous la direction de), *Un droit pénal postmoderne ? : mise en perspective des évolutions et ruptures contemporaines*, Paris, PUF, 2009, p. 273.

176 SALAS (D.), *op. cit.*, p. 209.

attribuées au stade de son prononcé si elles ne se vérifient pas au stade de l'exécution[177] ». Il ne s'agit donc pas ici d'aller dans le sens contraire de ce propos mais d'affirmer que c'est le cadre dans lequel est prononcée la peine qui lui donne cette force symbolique, celle-ci étant alors l'émanation de la parole du juge et du lieu de son prononcé qu'est le procès pénal.

De même, il n'est pas question ici de séparer la peine prononcée et la peine exécutée dans le rôle respectif qu'elles pourraient jouer puisque cette force symbolique de la peine prononcée ne peut « survivre » si celle-ci n'est pas matériellement mise en œuvre lors de son exécution. Ce modèle suppose ainsi « une continuité sans faille entre le prononcé des peines et leur exécution matérielle, soulignant à la fois l'importance de l'acte de parole inhérent au jugement, mais aussi l'exigence indissociable de sa matérialisation qui, par sa publicité ainsi que sa proximité dans le temps et dans l'espace, donne à la peine une visibilité indispensable à son efficacité[178] ».

Il s'agit ainsi de la question de la certitude des peines. Cette certitude de la peine n'est permise que par son exécution à la suite du prononcé judiciaire. Le juriste d'Ancien régime Daniel Jousse affirmait ainsi la nécessité de l'exécution de la peine prononcée dans les termes suivants : « Lorsque le jugement a été rendu, il est nécessaire qu'il soit exécuté. [...] Ces voies, qu'on appelle exécution, se font ou sur la personne, ou sur les biens du condamné ; et elles sont absolument nécessaires pour que le jugement puisse avoir son effet ; autrement il serait illusoire[179]. » En effet, quelle serait la valeur

---

177 DREYER (E.), *loc. cit.*

178 VAN DE KERCHOVE (M.), *Quand dire, c'est punir : essai sur le jugement pénal*, Bruxelles, Facultés universitaires Saint-Louis, 2005, 330 p.

179 JOUSSE (D.), *Traité de la justice criminelle en France*, t. I, Paris, Debure, 1771, p. 28.

donnée à la parole du juge si la peine qu'il prononce n'est pas exécutée ?

Certes, aujourd'hui, en France, la juridiction de jugement doit prononcer elle-même des aménagements de peine dits *ab initio* et si elle ne le fait pas, elle doit le motiver spécialement et ce sera alors le JAP, saisi par le Ministère public, qui procédera à ces aménagements dans le cadre de l'article 723-15 du Code de procédure pénale. Cela n'est pas réellement problématique puisque ces aménagements ont lieu avant l'exécution de la peine alors qu'inversement les aménagements post-sentenciels, c'est-à-dire au cours de l'exécution de la peine, creuseront davantage l'écart entre la peine initialement prononcée, ayant fait l'objet d'aménagements avant son exécution, et la peine réellement exécutée.

En vérité, ce qui est réellement une difficulté et ce qui ne permet pas une concordance entre la peine prononcée et la peine exécutée est le défaut d'effectivité de la peine, qu'il s'agisse de son inexécution pure et simple par acquisition de la prescription ou qu'il s'agisse d'un retard conséquent dans son exécution. Dans cette seconde hypothèse, la perte de sens de la peine prononcée est flagrante pour le condamné puisque celui-ci a pu trouver une certaine stabilité sociale qui va être bouleversée par une peine dont il n'a plus réellement besoin. Le cas où la peine n'est absolument pas exécutée est dramatique au niveau du message envoyé à la personne condamnée. L'article 707 du Code de procédure pénale prévoit pourtant que la sanction prononcée doit être mise à exécution par le Ministère public « de façon effective et dans les meilleurs délais », sans pour autant qu'une limite temporelle soit prévue, si ce n'est la prescription de l'exécution de la peine qui traduit finalement « la carence des autorités publiques chargées de l'exécution des condamnations[180] ». L'article 707 renvoie donc simplement aux notions de délai raisonnable et de célérité de la justice.

Ce caractère nécessairement certain de la peine fait également écho à la pensée beccarienne puisque l'intimidation de la peine est sous-tendue à son exécution véritable. Une peine qui n'est pas exécutée n'intimide pas et dès lors n'est pas exemplaire. Là d'ailleurs se justifiait en France l'exécution publique de certaines peines, notamment la peine de mort. Toutefois, cela est sans doute moins vrai aujourd'hui car il semble que la logique se soit inversée : le prononcé est public tandis que l'exécution est généralement peu visible et silencieuse. Paradoxalement, le sens de la peine pour le condamné aujourd'hui a investi le temps de l'exécution de la peine, au détriment du temps du prononcé de la peine. C'est pour cela qu'il est important de rappeler la portée symbolique du temps du prononcé de la peine. Car si la peine prononcée perd de sa vitalité sans une peine effectivement exécutée, la peine exécutée ne peut véritablement produire du sens dans l'esprit du condamné si le temps du prononcé a été négligé.

Néanmoins, s'il est incontestable que la distance séparant la peine prononcée et la peine exécutée affecte profondément le sens que le condamné pourrait lui attribuer, il apparaît inconcevable aujourd'hui que la peine exécutée soit identique à la peine prononcée. Cela peut être regrettable car le sens de la peine pour le condamné est alors fragmenté par les contradictions provoquées par la dissociation de la peine prononcée et de la peine exécutée mais cet écart entre la peine prononcée et la peine exécutée est inévitable. Toutefois, les différentes logiques le justifiant peuvent être contradictoires. Si certaines justifications ne sont pas contestables et peuvent,

180 TZUTZUIANO (C.), sous la direction de CIMAMONTI (S.) et DOUCHY-OUDOT (M.), *L'effectivité de la sanction pénale*, Thèse en droit, Université de Toulon, 2015.

à différents égards, tendre vers un sens perceptible et satisfaisant de la peine, d'autres le sont beaucoup moins et doivent être combattues.

§.2 L'inéluctable disjonction de la peine prononcée

L'évolution de notre système répressif depuis plusieurs décennies fait que la discontinuité entre la peine prononcée et la peine exécutée ne peut plus être évitée. À notre sens, la peine prononcée a une valeur symbolique que la peine exécutée ne pourra jamais véritablement posséder. Toutefois, le champ de l'exécution de la peine a été investi et élargi par le législateur et il semble être le nouveau terreau du sens de la peine pour le condamné. Ainsi, la peine exécutée change et s'écarte de la peine prononcée parce que celle-ci doit être adaptée à la personne du condamné, et cette logique semble atteindre son paroxysme avec la loi n° 2014-896 du 15 août 2014. Même si cette logique est légitime, on peut, comme le Professeur Hélène Dantras-Bioy, se poser cette question : « Cet écart est-il le signe d'une perte de sens et de cohérence de la peine ? Ou bien, au contraire, les mesures d'individualisation, offertes par le droit de l'application des peines, permettent-elles de partir efficacement à la recherche du véritable sens de la peine ?[181] »

Nous allons donc nous intéresser à certaines justifications tendant à la nécessité d'individualiser la peine exécutée pour permettre la réinsertion du condamné (**A**). Cependant, il apparaît que cette prépondérance de l'individualisation de la peine soit en partie un leurre qui cache une politique pénale toujours aussi répressive. Dès lors, la distance séparant la peine prononcée de la peine exécutée est la preuve de l'échec d'un système judiciaire essoufflé qui a adopté une certaine logique comptable (**B**).

---

181 DANTRAS-BIOY (H.), « L'application des peines : à la recherche du sens de la peine prononcée », *Dr. pén.*, 2015, n° 9, dossier 11.

A. Une logique manifeste d'individualisation

Depuis sa judiciarisation et sa juridictionnalisation opérées notamment par les lois n° 2000-516 du 15 juin 2000 renforçant la protection de la présomption d'innocence et les droits des victimes et la loi n° 2004-204 du 9 mars 2004 portant adaptation de la justice aux évolutions de la criminalité, le temps de l'exécution de la peine a une portée considérable dans le système répressif et donc pour le sens de la peine.

Le sens de la peine semble donc se détacher de la peine prononcée et reposer sur la peine exécutée. Ainsi, il s'agit ici d'affirmer l'idée d'individualisation car « [...] le souci de répression s'estompe naturellement au fil du temps et fait progressivement place à un réel souci de traitement visant à faciliter au mieux la réinsertion sociale du condamné. Ainsi s'avère-t-il opportun que la peine puisse être en quelque sorte modifiée et exécutée différemment qu'elle n'avait été initialement prévue[182] ». Une peine, pour avoir du sens, doit être adaptée à la personne même du condamné. On retrouve ici toutes les vertus mises en avant par la défense sociale nouvelle d'Ancel.

Depuis la loi n° 2014-896 du 15 août 2014 relative à l'individualisation des peines et renforçant l'efficacité des sanctions pénales, le principe d'individualisation a une place centrale dans notre système répressif. Ce principe indispensable a donc une portée bienveillante pour les condamnés et on peut se féliciter de la force qu'il a acquise au fil des années.

Certes, il faut préciser que ce principe ne s'applique pas qu'au stade de l'exécution de la peine mais également au stade de son prononcé. Effectivement, l'article 132-1 du Code pénal se substitue à l'article 132-24 et affirme dans son alinéa 2 que

---

182 CLOSE (F.), *op. cit.*, p. 34.

« toute peine prononcée par la juridiction doit être individualisée ». Ainsi, a vu le jour une procédure d'ajournement du procès pénal aux articles 132-70-1 et 132-70-2 du Code pénal intitulée « ajournement aux fins d'investigations sur la personnalité ou la situation matérielle, familiale et sociale ». Comme le déclare le Professeur Robert, cette mesure est la traduction de la césure pénale souhaitée par Marc Ancel, séparant la déclaration de culpabilité et le choix de la peine[183]. Néanmoins, cette procédure peut être problématique. « [...] La césure retarde le cours de la justice en obligeant les juges à traiter un dossier deux fois et peut même faire apparaitre des dérives : on pourrait imaginer sans peine qu'en cas de comparution immédiate d'un prévenu un samedi matin, des juges profitent de quelques insuffisances dans le dossier de personnalité pour décider un renvoi... N'oublions pas non plus le coût des investigations[184] », résume ainsi le Professeur Pradel les difficultés que peut engendrer l'ajournement aux fins d'investigations criminologiques.

Quant au stade de l'exécution de la peine, l'article 707 du Code de procédure pénale affirme toujours les principes du régime de la peine et énonce que « ce régime est adapté au fur et à mesure de l'exécution de la peine, en fonction de l'évolution de la personnalité et de la situation matérielle, familiale et sociale de la personne condamnée, qui font l'objet d'évaluations régulières ». L'individualisation de la peine au stade de son exécution se traduit ainsi par un meilleur suivi des condamnés.

L'individualisation est donc le principe mais également l'outil utilisé par le législateur pour permettre à la peine de jouer sa fonction prioritaire qu'est l'insertion ou la réinsertion du condamné.

---

183 ROBERT (J-H.), *loc. cit.*

184 PRADEL (J.), *op. cit.*, p. 1645.

La loi du 15 août 2014 a donc supprimé certains dispositifs qui apparaissaient comme des obstacles à l'individualisation de la peine exécutée par le condamné, comme les peines planchers qui ne laissaient pas suffisamment de latitude à la juridiction de jugement pour adapter la peine à la personnalité du condamné, ou encore la suppression de l'automaticité de la révocation du sursis avec mise à l'épreuve (SME) en cas de nouvelle condamnation. Cette loi a également fait de la probation une peine autonome avec l'introduction de la contrainte pénale à l'article 131-4-1 du Code pénal. Applicable un temps aux délits punis d'une peine d'emprisonnement inférieure ou égale à cinq ans seulement, elle a depuis le 1er janvier 2017 vocation à s'appliquer à tous les délits.

Pour l'exécution de la peine, la loi du 15 août 2014 développe aussi des peines et mesures d'exécution subies en milieu ouvert et multiplie les mécanismes procéduraux d'évitement, d'aménagement ou de raccourcissement de la privation de liberté, notamment avec la procédure de la libération sous contrainte.

S'agissant du projet de loi de programmation 2018-2022 et de réforme de la justice, on peut lire, parmi les différentes propositions du rapport présenté à la Chancellerie par le magistrat Bruno Cotte et l'avocate Julia Minkowksi, que pour les peines d'emprisonnement inférieures ou égales à cinq ans, la libération sous contrainte devra être prononcée d'office, sauf avis contraire du JAP, une fois les deux tiers de la peine réalisés[185].

Cette proposition interroge. Serait-ce là le signe d'une individualisation excessive ? On peut légitimement s'en inquiéter car cela produirait l'effet totalement inverse. Alors que la répression se fait plus dure dans un climat sécuritaire exacerbé, le système pénal remplit les prisons d'une main et

---

185 COTTE (B.), MINKOWSKI (J.), *op. cit.*, p. 14.

cherche à les vider d'une autre. La bienveillance du principe d'individualisation serait ainsi en grande partie d'apparence. Dès lors, on comprend aisément que derrière cette logique d'individualisation que le législateur promeut depuis plusieurs décennies, et qui reste indispensable et effective à bien des égards lorsqu'elle est véritable, se cache une autre logique, de comptabilité et d'efficience.

B. Une logique latente de résultats

Derrière ce que certains auteurs ont pu appeler « un angélisme de façade[186] » au sujet de la loi du 15 aout 2014, il semblerait que l'individualisation de la peine soit aussi utilisée comme un prétexte pour désengorger les prisons.

Or, alors que l'on cherche à vider les prisons, des lois pénales de plus en plus sécuritaires et répressives tendent à les remplir. La situation du système pénitentiaire français est donc paradoxale. En effet, « la politique pénale à court terme dans laquelle le législateur s'est engagé depuis quelques années ne cesse d'alimenter d'un côté un système, que de l'autre l'on tente de vider à coup d'injonctions en sens contraire. Le constat est celui d'un système qui tourne à vide[187] », affirme ainsi le Professeur Muriel Giacopelli. L'entrée en vigueur de la contrainte pénale à la suite de loi du 15 août 2014 ne semble pas pouvoir inverser significativement la tendance et il faut se méfier de l'automaticité des aménagements de peine qui, affublés d'une intention de resocialisation des condamnés, servent en vérité à vider sans fondement les prisons de leurs occupants.

On retrouve ce constat pénitentiaire dans l'étude d'impact du projet de loi relative à l'individualisation des peines et renforçant l'efficacité des sanctions pénales au sujet des

---

186 HERZOG-EVANS (M.), *loc. cit.*

187 GIACOPELLI (M.), *loc. cit.*

aménagements des peines pour les condamnés non incarcérés. Il y est dit que « cette évolution [...] apparaît toutefois avoir été essentiellement pensée dans une logique purement comptable de régulation des flux pénitentiaires, sans réflexion sur le sens de la peine de prison, dans l'unique fin de tenter de contrebalancer les effets de l'introduction des peines planchers par la loi du 10 août 2007[188] et de leurs conséquences en matière de surpopulation carcérale[189] ». Il faut bien entendu se réjouir de la suppression des peines planchers qui, en plus de restreindre le pouvoir discrétionnaire du juge au moment du prononcé de la peine, ont mené à l'état de surpopulation que connaissent nos prisons aujourd'hui. Néanmoins, certains nuançaient l'effet néfaste des peines planchers et y voyaient au moins « un avertissement aux candidats à la récidive et à une criminalité violente[190] », ayant également « l'avantage de ne pas mettre sur le même plan le primaire et le récidiviste[191] ».

Quoi qu'il en soit, la loi du 15 août 2014 se donne véritablement pour objectif de réduire la population carcérale, soit en favorisant le prononcé de peines alternatives à l'emprisonnement, soit en favorisant la mise en œuvre de peines en milieu ouvert. C'est notamment dans cette optique probatoire qu'a été créée la contrainte pénale dont nous avons pu évoquer la confusion avec le SME et sa très faible application. Il faut ainsi se féliciter qu'ait été proposée, dans le

---

188 Loi n° 2007-1198 du 10 août 2007 renforçant la lutte contre la récidive des majeurs et des mineurs, *JORF* n° 185 du 11 août 2007, p. 13466.

189 Projet de loi relatif à la prévention de la récidive et à l'individualisation des peines : étude d'impact, 7 octobre 2013, p. 36.

190 PRADEL (J.), *op. cit.*, p. 1645.

191 *Ibid.*

cadre de la réforme de la justice à venir, la fusion de ces deux dispositifs[192].

Néanmoins, bien que la loi du 15 août 2014 donne un caractère *ultima ratio* à la peine privative de liberté, celle-ci, malgré son échec flagrant en matière de réinsertion, tant au niveau des effets qu'elle a sur les condamnés que sur le manque de moyens matériels, humains et financiers mis en œuvre pour s'assurer de son efficacité, constitue toujours aujourd'hui la peine de référence.

Il pourra ainsi être reproché aux juges de ne pas incarner ce renouveau de la pénalité, en ne prononçant pas ou peu de contrainte pénale par exemple. Toutefois, la faute n'est pas uniquement celle des magistrats dont certains sont persuadés à tort de l'utilité pédagogique de l'emprisonnement ferme, mais aussi celle d'une « justice de l'urgence » qui s'incarne dans des procédures simplifiées et accélérées comme le traitement en temps réel des procédures pénales (TTR) permettant de juger rapidement un individu pour des faits plus ou moins « légers ». Car l'urgence d'un jugement, pour un délit ordinaire, mène souvent à la solution la plus simple, une peine sévère, souvent un emprisonnement ferme, comme l'évoque Didier Fassin[193]. Or, ces procédures simplifiées et accélérées sont inévitables, la justice devant traiter une masse contentieuse de plus en plus importante.

Face à cela, les législateurs successifs se complaisent dans des dispositifs qualifiés de changements culturels et de ruptures dans le champ de la pénalité, sans pour autant vouloir réaliser que l'administration pénitentiaire française n'a pas les moyens humains et financiers de permettre ce changement de paradigme. « Nous n'avons pas les moyens de nos ambitions,

---

192 COTTE (B.), MINKOWSKI (J.), *op. cit.*, p. 12.

193 FASSIN (D.), *op. cit.*, p. 100.

faute d'un personnel en trop petit nombre[194] » reconnaît ainsi le Professeur Jean Pradel. « Il faudra des personnels supplémentaires suffisamment formés et une politique pénale innovante pour que sa crédibilité ne s'épuise pas[195] » écrivait Denis Salas dans son commentaire du projet de loi de 2014. Il semble en effet que, les actes ne suivant pas la parole, le changement souhaité par cette loi ne se concrétise pas dans les pratiques et qu'elle perde en crédibilité.

De même, il peut être reproché à cette loi et peut-être à celles à venir d'appliquer ce principe d'individualisation, aussi indispensable soit-il, sans aucune limite, dans une certaine logique d'automaticité. C'est l'effet pervers du manque de ressources humaines et financières de nos institutions. Le Professeur Jean Pradel avait rappelé qu'une application sans limite, privilégiant la personne à l'acte laisserait encourir un risque important d'inégalités et donc d'injustice entre les auteurs d'une même infraction[196]. De même, comme l'indique le Professeur Dreyer, le droit de la peine deviendrait dans une telle logique davantage « un droit du délinquant qu'un droit de l'acte », avec une justice dont les moyens se concentreraient uniquement sur la personne du condamné et non plus sur les faits infractionnels[197].

Une illustration de cette application sans limite du principe d'individualisation se trouve dans les rapports annexés au projet de réforme de la justice à venir dont nous avions parlé antérieurement.

Il est proposé notamment de rendre automatique la libération sous contrainte dès lors que les deux tiers de la peine ont été effectués, sauf avis contraire du JAP, et cela est

---

194 PRADEL (J.), *op. cit.*, p. 1649.

195 SALAS (D.), *op. cit.*, p. 16.

196 PRADEL (J.), *op. cit.*, p. 1644.

197 DREYER (E.), *loc. cit.*

inquiétant pour l'avenir de l'individualisation[198]. Cela pourrait rapidement se transformer en une « usine à gaz » et rendre désuets les autres aménagements de peine se fondant légitimement sur une appréciation du comportement du condamné durant sa peine. Alors que ces derniers sont attribués aux condamnés jugés les plus « méritants », ceux qui auraient pu saisir le sens de leur peine et rendre utile le temps de son exécution, voilà qu'il est proposé de rendre automatique, sans appréciation véritable du condamné et de son comportement, les aménagements de peine. Bien entendu, certains pourraient nous contredire et rappeler que dans cette proposition il est donné au JAP la possibilité de soumettre son avis contraire et ainsi s'opposer à la mise en œuvre automatique et obligatoire de la libération sous contrainte. Mais peut-on réellement croire, dans les conditions dans lesquelles travaillent les JAP aujourd'hui, que ces derniers pourront effectivement se prononcer avec justesse à ce sujet et s'y opposer fréquemment ? Le risque ne serait-il pas que, devant une quantité innombrable de dossiers à traiter, les JAP n'aient d'autres choix, même de façon épisodique, que de rester silencieux ?

La réalité de l'application des peines aujourd'hui est déjà inquiétante. Les audiences de cabinet dans le cadre de la procédure de l'article 723-15 du Code pénal ressemblent à certains égards à une place de marché où le condamné souhaite négocier l'aménagement de peine le plus arrangeant et le moins coercitif pour lui.

Aussi, nous ne pouvons croire que c'est cela que de donner du sens à la peine, une peine aménagée devant être uniquement le fruit d'un investissement personnel du condamné. Dans le cas contraire, nous aurions ainsi des condamnés, conscients de leur propre impunité, qui

---

198 COTTE (B.), MINKOWSKI (J.), *op. cit.*, p. 14.

railleraient, avec raison, notre système pénal pour ses contradictions.

Un tel système automatique d'aménagements de peine serait également contraire à la finalité même de protection de la société portée par l'article 130-1 du Code pénal car rendre aussi facilement la liberté à de tels individus, même si les mesures en milieu ouvert restent coercitives, peut présenter un risque de récidive.

D'autres difficultés pourraient ici être mises en lumière mais, en vérité, la véritable problématique qui se pose aujourd'hui tient à l'effectivité même de notre pénalité. C'est cette question essentielle qui rend difficile la recherche du sens de la peine pour le condamné. Le Professeur Muriel Giacopelli affirmait ainsi que « [...] il ne suffit pas de prononcer des peines, encore faut-il les exécuter pour éviter le cas échéant que les condamnés aient un sentiment d'impunité ou que le retard dans la mise à exécution fasse perdre tout son sens à la peine privative de liberté[199] ». Aujourd'hui, nombre de condamnés à une peine d'emprisonnement ne l'effectuent pas ou de manière très tardive. « On a l'impression, quand on les enferme, qu'on commet une injustice. Certes, on doit punir, mais après plusieurs années, cela n'a plus de sens. On va chercher un gars pour une petite peine qui date de Mathusalem ! Entre-temps, il a refait sa vie, il a tourné la page. Quand il voit ça, il a la haine. Pour lui, c'est une justice inique qui vient le chercher[200] » déclarait ainsi un directeur de maison d'arrêt, s'indignant contre l'inexécution des peines mises en œuvre à partir de 2009.

Or, dans certains cas, cette insuffisance judiciaire peut avoir des conséquences graves. Dans son enquête en maison

---

199 GIACOPELLI (M.), *loc. cit.*

200 FASSIN (D.), *op. cit.*, p. 107.

d'arrêt, Didier Fassin relate le suicide inattendu d'un détenu : « […] Son acte était d'autant moins compréhensible qu'il était sur le point d'être libéré. On apprit cependant un peu plus tard que quelques jours avant la date prévue pour sa sortie, deux anciennes peines lui avaient été notifiées : l'une de trois mois, pour une condamnation intervenue deux ans plus tôt, l'autre de huit mois, résultant d'un procès qui s'était déroulé cinq années auparavant[201]. » Ce genre d'événement tragique reste marginal, bien que les chiffres des détenus se suicidant aujourd'hui en prison soient de plus en plus alarmants.

En outre, l'effectivité est souvent confondue avec l'efficacité, et cette dernière avec l'efficience, sauf qu'il ne peut y avoir efficacité sans effectivité et le projet de réforme de la justice actuellement discuté ne va sans doute pas échapper à cette confusion. Le président de la République Emmanuel Macron, lorsqu'il était candidat à l'élection présidentielle, avait asséné que toute peine prononcée devait être exécutée. Ainsi, cette pensée devait-elle s'inscrire profondément dans les propositions faites dans le cadre de cette réforme de la justice. Mais il n'en est rien et les lois à venir semblent poursuivre cette logique comptable et confuse. Comme certains commentateurs ont pu le révéler, à la lecture de certaines de ces propositions, règne toujours une « confusion entre efficacité (réelle sur la délinquance) et efficience managériale (raisonner la justice pénale comme une chaîne fordienne de montage où l'efficacité est comprise comme autant de flux quantitatifs, vides de contenu)[202] ».

La peine échappe sans aucun doute au législateur et aux acteurs de la politique pénale. La conséquence de cet échec de

---

201 *Ibid.*, p. 112.

202 HERZOG-EVANS (M.), « Chantier de la justice sur le sens et l'efficacité des peines : quelques très bonnes idées, mais beaucoup de confusions », *Dalloz actualité*, 22 mai 2018.

notre politique pénale est l'absence de tout sens de la peine pour les condamnés. Certes, nous ne pouvons généraliser cela à tous les condamnés de France et certains ont pu véritablement faire du temps de leur peine un temps utile et riche de « bons » sens. Toutefois, l'étendue des échecs est bien là, sous nos yeux.

Par conséquent, tous les condamnés à une peine, quelle que soit sa nature, bien que la peine privative de liberté soit sans aucun doute la plus représentative, ont conscience de la crise que connaît aujourd'hui la peine. Les condamnés ne sont pas aveugles et chaque jour ils peuvent constater l'état insalubre de nos prisons, le manque de moyens financiers, l'impuissance de certains magistrats du siège ou de l'application des peines ainsi que du personnel pénitentiaire, la prospérité de la récidive chez les individus qui sortent de prison, la sévérité toujours accrue de la répression, la surreprésentation des personnes appartenant à des minorités ethniques, etc.

Aussi, nous nous risquons alors à faire le postulat suivant : les condamnés ne croient plus aux différents bienfaits dont on affuble la peine et c'est peut-être cet état de conscience, nuisible mais pourtant en grande partie conforme à la réalité, qui rend leur peine imperméable à tout sens.

Mais si la peine n'a plus de sens pour le condamné, en a-t-elle encore pour la victime et la société ? En vérité, il semblerait même aujourd'hui que la peine ait davantage de sens pour la victime et la société, et ce, malgré les inquiétudes que cela peut susciter.

Chapitre 2. La privatisation de la peine par la victime et la société

Il ne fait aucun doute que le droit pénal, émanation première de la fonction régalienne de l'État et de la protection de l'intérêt général, subit une forme de privatisation[203]. Cela se caractérise ainsi par le « renforcement des rôles des acteurs privés à tous les stades du procès pénal[204] », la pénalité semblant davantage protéger des intérêts particuliers que l'intérêt général.

Ainsi, la peine semble davantage correspondre aux attentes de la victime. Or, si la justice doit être rendue au nom du peuple français, elle ne doit pas être rendue par celui-ci, ou du moins être influencée de manière conséquente par celui-ci.

Avant d'aller plus loin, il nous faut nous interrompre un instant et nous poser la question suivante : qu'entendons-nous par « victime » ?

La procédure pénale distinguant la victime de la partie civile, l'article 2 du Code de procédure pénale relatif à l'action civile parle de la victime comme celle qui a « personnellement souffert du dommage directement causé par l'infraction ». Par « victime », l*e Vocabulaire juridique* de Cornu entend « celui qui subit personnellement un préjudice, par opposition à celui que le cause, mais qui peut en être la victime directe ou indirecte[205] ». En outre, dans *le Dictionnaire de droit pénal général et de procédure pénale*, une définition tout aussi sobre est donnée de la victime, l'assimilant à « l'individu qui a subi un

---

203 BENHAMOU (Y.), « Vers une inexorable privatisation de la justice ? », *D.* 2003, p. 2771.

204 PIN (X.), « La privatisation du procès pénal », *RSC*, 2002, p. 245.

205 CORNU (G.), ASSOCIATION HENRI CAPITANT (sous la direction de), *op. cit.*, p. 1073.

dommage[206] ». Il est d'ailleurs intéressant de noter, dans la perspective de nos développements ultérieurs, que dans ce même ouvrage la définition de la « vengeance privée » précède tout juste celle de la « victime » et que l'on peut notamment y lire que « aujourd'hui, l'idée de vengeance n'est pas totalement absente de la fonction rétributive de la peine afin de répondre aux attentes vindicatives des victimes[207] ».

Ce dernier élément illustre parfaitement l'évolution du droit de la peine. À l'inverse des représentations de la peine pour les condamnés, il semblerait que le sens de la peine tel qu'il est identifié par le législateur et les acteurs de la politique pénale ait intégré la perception vindicative que peut avoir la victime, lui accordant une place toujours plus importante lors du procès pénal et même lors de l'application des peines.

De même, à côté de la victime *stricto sensu*, certains auteurs peuvent notamment relater que « l'on dit volontiers que la société est la première victime d'une infraction[208] ». Mais il faut toutefois différencier la société de la victime. Par le terme *société*, *le Vocabulaire juridique* parle de « la collectivité des membres d'une Nation, d'un État, considérée comme sujet et support d'un intérêt collectif. En ce sens, le Ministère public défend les intérêts de la société[209] ». Dans nos réflexions, nous utiliserons également le terme *opinion publique*, qui signifie « ce que pense le public[210] », pour désigner ce que pense la société

---

206 BEZIZ-AYACHE (A.), Dictionnaire de droit pénal général et de procédure pénale, Paris, Ellipses, 6ème éd., 2016, p. 322.

207 *Ibid.*

208 MAYAUD (Y.), « L'évolution de la place de la victime dans le procès pénal », in *La victime : dossier publié par l'Ordre des avocats au Conseil d'État et à la Cour de cassation*, Paris, Dalloz, 2016, p. 107.

209 CORNU (G.), ASSOCIATION HENRI CAPITANT (sous la direction de), *op. cit.*, p. 971.

210 PRUVOST (J.) (sous la direction scientifique de), BLUM (C.) (sous la direction générale de), *op. cit.*, p. 933.

de manière générale. La définition apportée par *le Vocabulaire juridique* met ainsi le doigt sur la problématique que peut poser la représentation de la peine par la société : si le Ministère public défend effectivement les intérêts de la société, il semblerait que la société passe outre cela et tend à avoir un poids considérable sur la déclaration de culpabilité d'un auteur présumé d'une infraction et sur la peine qu'il doit purger.

Certaines attentes de la « victime singulière[211] » semblent être parfaitement illégitimes et pourtant le droit français y répond positivement. Le rôle que joue la victime à travers l'action civile interroge ainsi le caractère privé du procès pénal et de la peine. Dès lors, l'inquiétude première est de voir le droit de la peine se transformer en droit des victimes, la peine tendant à avoir bien plus de sens pour la victime que pour le condamné (**Section 1**). De même, un danger beaucoup plus grand pèse sur la pénalité et plus globalement sur le droit de la peine : la compassion de la victime est instrumentalisée de manière uniforme, dans une perspective répressive et sécuritaire, l'opinion publique, les médias et la classe politique faisant peser une menace considérable sur les principes les plus fondamentaux du droit pénal. Il semble que la « victime singulière, [...] tout entière absorbée par la volonté de donner du sens à son malheur[212] » s'efface au profit d'une « victime invoquée[213] » (**Section 2**).

Section 1. La progression de la victime dans le paradigme punitif

À la lumière des réformes successives, le législateur a répondu à de nombreuses attentes de la victime et a développé ses droits aux stades du prononcé et de l'exécution de la peine,

---

211 SALAS (D.), *op. cit.*, p. 430.

212 *Ibid.*

213 *Ibid.*

renforçant les liens entre la victime et la peine. Dès lors, « le législateur invite le juge à prendre en considération les droits des victimes aussi bien au stade du procès pénal qu'au stade de l'exécution de la peine[214] ».

Autrefois qualifiée de « grande oubliée du procès pénal[215] », la victime a donc aujourd'hui acquis un statut dépassant celui de simple partie civile lors du procès pénal. Les caractères même de l'action civile sont particulièrement révélateurs de la place que le droit pénal français a souhaité donner à la victime lors du procès (§ **1**). Aussi étonnant que cela puisse paraître, cette progression de la victime dans le paradigme punitif se poursuit également au stade de l'exécution de la peine. Les droits de cette dernière se sont ainsi développés à ce stade de la « vie » de la peine, interrogeant sur l'intention même du législateur quant aux sens à donner à la peine (§ **2**).

§.1 L'action civile vindicative

Il s'agira notamment ici d'évoquer la théorie dualiste de l'action civile qui a été progressivement affirmée dans la doctrine. Le Professeur Fernand Boulan a ainsi parlé du « double visage » de l'action civile, celle-ci ayant à la fois une nature réparatrice et une nature répressive[216]. Cette ambiguïté de l'action civile questionne la place même de la victime au sein du procès pénal et du rôle qu'elle peut y jouer, le risque étant que la partie civile fasse concurrence au Ministère public.

Il est ainsi parfaitement légitime d'avancer que l'action civile, par son double visage, permet à la victime de donner plusieurs sens à la peine, celle-ci pouvant bien évidemment lui

---

214 DOISELET (E.), sous la direction de GIACOPELLI (M.), *La victime et la peine*, Mémoire en droit, Université d'Aix-Marseille, 2014, p. 18.

215 GIACOPELLI (M.), « Victimes et application des peines », *RPDP*, 2007, n° 4, p. 789.

216 BOULAN (F.), « Le double visage de l'action civile exercée devant la juridiction répressive », *JCP G*, 1973, I, 2563.

permettre d'obtenir la réparation patrimoniale du dommage causé par l'infraction (**A**) tout en lui permettant d'assoir sa volonté vindicative à l'encontre de l'auteur soupçonné de l'infraction (**B**).

A. Une action en réparation du dommage né de l'infraction

Ne pouvant pas avoir l'ambition de donner une vision exhaustive du régime complexe de l'action civile, nous aborderons seulement sa vocation réparatrice qui est son sens premier pour la victime constituée partie civile.

Comme l'indique l'article 1er du Code de procédure pénale, « l'action civile est une action ouverte à la victime d'une infraction en réparation du dommage que celle-ci lui a causé ». L'article 2 du même code inscrit également la vocation réparatrice de l'action civile en rappelant que celle-ci est une action « [...] en réparation du dommage causé par un crime, un délit ou une contravention qui appartient à tous ceux qui ont personnellement souffert du dommage directement causé par l'infraction ». Elle peut être exercée devant une juridiction civile, ou alors devant une juridiction pénale de manière concomitante ou accessoire à la mise en mouvement de l'action publique.

Toutefois, il faut ici différencier l'action *civile* de l'action *à fin civile*, cette dernière n'ayant pas pour objet de réparer un dommage causé par une infraction mais simplement de tirer une conséquence civile d'une situation qui a pour origine la commission d'une infraction. C'est notamment le cas des actions couplées à des actions pénales, comme une demande de divorce en matière de violences conjugales.

L'objectif de l'action civile est clair. Il s'agit d'obtenir des dommages-intérêts ou aussi, parfois, des restitutions et le paiement des frais de justice.

Quoi qu'il en soit, le but est donc pour la victime de rétablir l'équilibre antérieur au dommage causé par l'infraction, ce qui se rapproche de l'une des finalités de la peine. Cependant, « l'action civile est par nature une action en réparation et ne peut être que cela pour la simple raison qu'elle trouve son fondement propre non dans l'infraction, mais dans le dommage né de l'infraction, ce qui n'est pas la même chose[217] ». À cet égard, l'action civile se fondant sur la responsabilité civile et non sur la responsabilité pénale, la victime est seulement titulaire d'un droit à réparation, ce qui justifie la séparation entre l'action publique et l'action civile. Au XVIIIème siècle, le juriste Daniel Jousse l'avait compris : « Les crimes, en tant qu'ils troublent la société civile, la religion et le gouvernement exigent une vengeance publique et une punition exemplaire ; et en tant qu'ils blessent les particuliers dans leur personne, leur honneur ou leurs biens, ils exigent une réparation et des dommages-intérêts à l'égard des personnes offensées ou de ceux qui les représentent [...][218] » Dès lors, l'infraction n'est qu'un fait générateur de responsabilité civile. En d'autres termes, l'auteur présumé de l'infraction ne devrait qu'avoir la qualité de responsable pour la victime constituée partie civile, et non pas la qualité de coupable. Au sujet de la « partie civile », Daniel Jousse ajoute ceci : « Elle est appelée de ce nom parce qu'elle ne peut poursuivre que l'intérêt civil [...] et qu'elle ne peut jamais conclure à la peine[219]. »

Certes, on pourrait donc nous reprocher au regard de l'étude du sens de la peine pour la victime qu'il n'est pas directement question de peine ici car ce n'est pas le prononcé

---

217 LEROY (J.), « L'action civile répressive », in *La victime de l'infraction pénale, XXIIe congrès de l'Association française de droit pénal organisé par l'Institut de sciences criminelles de Grenoble et l'Association française de droit pénal les 15 et 16 octobre 2015 à Grenoble*, Paris, Dalloz, 2016, p. 195.

218 JOUSSE (D.), *op. cit.*, p. 561 et s.

219 *Ibid.*

de la peine qui permet la réparation du dommage causé par l'infraction au titre de l'action civile, même s'il peut être sa condition dans plusieurs hypothèses devant la juridiction pénale. Néanmoins, il ne fait aucun doute que, pour la victime, l'indemnisation de son préjudice aux frais de l'auteur de l'infraction apparaît comme une forme de punition.

En effet, cette fin réparatrice de l'action civile fait tout de même écho, dans l'esprit de la victime, à la peine, dans sa fonction de réparation, qualifiée à tort de finalité par le législateur à l'article 130-1 du Code pénal, au titre de « la restauration de l'équilibre social ». Cela peut renvoyer à certaines peines, à l'image de la sanction-réparation inscrite à l'article 131-8-1 du Code pénal, même si nous avons pu affirmer que son fondement diverge de celui de l'action civile.

Nous aurions également pu aborder les mécanismes antérieurs à toute sanction incitant l'auteur de l'infraction à indemniser la victime, notamment via les alternatives aux poursuites comme la médiation pénale mais un simple développement comme celui-ci n'aurait pu être suffisant.

Par conséquent, si la peine doit aujourd'hui être prononcée dans « le respect des intérêts de la victime », elle ne devrait toutefois pas être façonnée par ses intérêts. Or, c'est bien le risque que laisse encourir une action civile dont le caractère vindicatif supplante bien souvent le simple caractère réparateur.

B. Une action en répression du « mal » né de l'infracteur

« Et pourtant, comment qualifier autrement l'attitude d'une victime d'infraction qui, usant de la voie de droit qui lui réserve le droit français, saisit un juge pénal dans le but d'obtenir une condamnation ou du moins une déclaration de culpabilité de celui qui est à l'origine même de son dommage ?[220] » justifie ainsi le Professeur Jacques Leroy l'usage comme intitulé de son article « d'action civile répressive[221] ». En effet, si l'action civile présente un tel caractère vindicatif, c'est notamment parce que son exercice peut mettre en mouvement l'action publique, conformément aux dispositions de l'alinéa 2 de l'article 1er du Code de procédure pénale.

Or, plusieurs spécificités procédurales et jurisprudentielles permettent aussi d'illustrer cette logique répressive que l'on peut retrouver dans l'exercice de l'action civile et ses conséquences lors du procès pénal.

Il existe ainsi des hypothèses dans lesquelles il y a une dissociation entre la recevabilité de l'action civile et le droit à réparation. Ainsi, dans un arrêt du 16 décembre 1980, la Chambre criminelle a mis en évidence que la réparation n'était pas le seul objectif de l'action civile en affirmant que : « Ayant pour objet essentiel la mise en mouvement de l'action publique en vue d'établir la culpabilité de l'auteur présumé d'une infraction ayant causé un préjudice au plaignant, ce droit constitue une prérogative attachée à la personne et pouvant tendre seulement à la défense de son honneur et de sa considération, indépendamment de toute réparation du dommage par la voie de l'action civile[222]. » Certes, la portée de cette jurisprudence est relative car elle ne concerne que le champ de la liquidation judiciaire dans un cas donné, conformément à l'article L641-9 du Code de commerce qui affirme dans son alinéa 2 que « [...] le débiteur peut se constituer partie civile dans le but d'établir la culpabilité de l'auteur d'un crime ou d'un délit dont il serait victime ». Néanmoins, cet arrêt a tout de même cristallisé la jurisprudence au sujet de la constitution de partie civile dans

---

220 LEROY (J.), *op. cit.*, p. 193.

221 *Ibid.*

222 Cass. crim. 16 décembre 1980, n° 79-95.039, *Bull. crim.* 1980, n° 348.

le seul but d'établir la culpabilité de l'auteur d'une infraction, et la formule utilisée par la Cour, « [...] la défense de son honneur et de sa considération », est tout à fait surprenante.

Cela fait ainsi écho aux dispositions de l'article 418 alinéa 3 qui dispose que « la partie civile peut, à l'appui de sa constitution, demander des dommages-intérêts correspondant au préjudice qui lui a été causé ». Cela signifie que la demande de dommages-intérêts est subsidiaire dans le cadre d'une constitution de partie civile et que la partie civile *peut* ne pas demander de dommages-intérêts. C'est d'ailleurs ce qui a été indiqué dans l'arrêt du 10 octobre 1968, la Chambre criminelle affirmant au sujet de la demande de dommages-intérêts qu'il ne s'agit que « d'une simple faculté dont la victime est libre de ne pas user[223] ».

Il est assez aisé pour la victime, même profane, de comprendre que la loi et la jurisprudence lui permettent ainsi d'agir en justice dans le seul but d'obtenir une déclaration de culpabilité de l'auteur présumé de l'infraction. Cela a été expressément dit par la Chambre criminelle dans un arrêt du 8 juin 1971 qui a admis que la partie civile était recevable même en l'absence de prétention civile, celle-ci n'étant motivée que par l'intention « d'obtenir que soit établie la culpabilité du prévenu[224] ».

D'autres éléments procéduraux illustrent cette mise en retrait de la finalité réparatrice de l'action civile, faisant parfois de cette dernière une action exclusivement vindicative.

Ainsi, dans l'établissement de la culpabilité de l'auteur présumé de l'infraction, la victime constituée partie civile peut participer à la recherche de la vérité en apportant des éléments de preuve. Si la partie civile peut concourir à cette recherche

223 Cass. crim. 10 octobre 1968, n° 67-92.262, *Bull. crim.* 1968, n° 248.

224 Cass. crim. 8 juin 1971, n° 69-92.311, *Bull. crim.* 1971, n° 182; *D.* 1971, p. 594, note J. Maury.

de la vérité au stade de l'instruction, avec la liberté contestable offerte aux personnes privées en matière de légalité et loyauté de la preuve, elle peut également y participer lors du procès pénal. Elle peut ainsi citer des témoins conformément aux articles 281 et 329 du Code de procédure pénale devant la Cour d'assises et à l'article 435 du même code devant le tribunal correctionnel. De même, elle peut, par l'intermédiaire de son avocat, demander la parole au président de la juridiction et poser des questions aux témoins ainsi qu'à l'auteur présumé de l'infraction, d'après les dispositions de l'article 312 du Code de procédure pénal devant la Cour d'assises et l'article 442-1 du même code devant le tribunal correctionnel.

En outre, une autre hypothèse conforte la nature répressive de l'action civile. Élisabeth Fortis relève ainsi que la juridiction répressive peut se retrouver incompétente pour accorder des dommages-intérêts dans certaines procédures, comme c'est le cas en matière d'accidents du travail. Or, cela n'est absolument pas un obstacle à l'exercice de l'action civile devant cette juridiction par la victime. Seule l'intention vindicative de la victime est alors exprimée[225].

Il nous faut également évoquer la constitution de partie civile par les groupements associatifs. Par des lois successives, le législateur a habilité des associations à se constituer partie civile pour la défense de certains intérêts collectifs, comme le combat contre le racisme par exemple, car il a jugé que cela serait utile socialement. Ces habilitations se trouvent notamment aux articles 2-1 à 2-24 du Code de procédure pénale mais aussi dans certains autres textes comme le Code de la consommation ou le Code de la santé publique. Leur champ d'application vise strictement certaines infractions et des conditions variables ont été mises en œuvre, comme la

---

225 FORTIS (E.), « Ambiguïtés de la position de la victime dans la procédure pénale », *Arch. pol. crim.*, 1/2006, n° 28, p. 41.

nécessité pour l'association d'être régulièrement déclarée depuis au moins cinq ans à la date des faits, d'avoir un objet statutaire spécifique, ou encore l'obligation d'obtenir l'accord de la victime directe dans certains cas.

Cependant, les conditions d'exercice et d'application de cette action varient et évoluent constamment, au gré des lois et de la jurisprudence, rendant ce régime particulièrement complexe et disparate[226]. Si ce régime est problématique par son caractère hétéroclite, c'est avant tout la confusion entre certains intérêts collectifs défendus par des associations habilitées à se constituer partie civile et l'intérêt général, défendu par le Ministère public, qui nous intéresse ici. En effet, en habilitant certaines associations à se constituer partie civile pour la défense d'intérêts collectifs, il semblerait que le législateur ait confié à ces dernières des fractions de l'intérêt général, et ce, sans justification suffisante. Si les intérêts défendus par ses associations sont des causes tout à fait louables, il ne faut toutefois pas que ces dernières jouent un rôle qui n'est pas le leur. En effet, il est inquiétant que des groupements privés se retrouvent avec des pouvoirs qui devraient normalement relever exclusivement du Ministère public. Certaines voix dans la doctrine s'en inquiètent depuis bien longtemps et ont même apparenté ces associations habilitées à des « pseudo-procureurs demandant une sanction[227] ». Ainsi, l'action publique va pouvoir être mise en mouvement par une partie civile aux desseins vindicatifs, dénaturant le rôle du Ministère public et déséquilibrant

226 LAPEROU-SCHENEIDER (B.), « À la recherche d'une cohérence de l'exercice par les associations des "droits reconnus à la partie civile" », *Dr. pén.*, 2016, n° 7-8, étude 13.

227 GRANIER (J.), « Quelques réflexions sur l'action civile », *JCP*, 1957, I, 1386.

l'ensemble du procès pénal, au détriment de la personne à qui on impute le comportement infractionnel.

Cette forme de privatisation de l'action publique menace fortement la justice pénale mais nous pouvons toutefois nuancer quelque peu l'ensemble de ces propos par certaines limitations procédurales.

Cela se rattache bien entendu à l'impossibilité pour la victime constituée partie civile de requérir une peine. Certes, il est courant pour les avocats de la partie civile, lors de leur plaidoirie, de se muer en Ministère public, en tentant notamment d'établir l'existence d'éléments constitutifs de l'infraction, mais cela n'est vraisemblablement pas pris en compte par la juridiction de jugement. De même, il est impossible pour la victime d'user d'une voie de recours pour contester la décision portant exclusivement sur la peine. En effet, seuls le Ministère public, en sa qualité de représentant de l'intérêt général, et bien entendu l'auteur soupçonné de l'infraction, ont cette possibilité, la victime qui se serait constituée partie civile pouvant seulement exercer son droit de recours sur les intérêts civils. C'est probablement là la grande limite au rôle d'accusateur privé de la partie civile[228].

Cependant, au regard de ces éléments procéduraux et de ces pratiques jurisprudentielles, la réalité vindicative de l'action civile peut être atténuée mais ne peut être effacée. « Il ne sert à rien de se voiler la face : la constitution de partie civile à fins répressives est bien ancrée dans la réalité judiciaire[229] ». Si l'intention vengeresse de la victime semble se faire une place de plus en plus grande au stade du procès pénal, notamment par l'exercice d'une action civile dont la nature vindicative est maintes fois démontrée, la victime a également une position ambiguë au stade de l'exécution de la

---

228 DOISELET (E.), *op. cit.*, pp. 57-58.

229 LEROY (J.), *op. cit.*, p. 199.

peine, au regard des droits et prérogatives qui ont été consacrés à son encontre.

§.2 La présence ambiguë de la victime au stade de l'exécution de la peine

Par la présence même de la victime au stade de l'exécution de la peine, il ne fait aucun doute que « le droit de la peine est de moins en moins insensible à la victime[230] », ceci ayant des conséquences sur le paradigme punitif et sur les sens donnés à la peine.

C'est la loi n° 2000-516 du 15 juin 2000 renforçant la protection de la présomption d'innocence et les droits des victimes qui a ainsi développé les droits de la victime prise « *es qualités*[231] » au stade du procès pénal. De même, la loi n° 2004-204 du 9 mars 2004 portant adaptation de la justice aux évolutions de la criminalité est à l'origine d'une « petite révolution[232] », engageant un mouvement de reconnaissance des droits de la victime au stade de l'exécution de la peine (**A**). Cela signifie-t-il que la quête de sens de la peine pour la victime se poursuit au stade de son exécution ? (**B**).

A. Le développement des droits de la victime

Avant tout développement, étant donné que nous avons abordé le cas de la victime constituée partie civile dans les développements antérieurs, il faut préciser ici que, pour le législateur, la notion de « victime » au stade de l'exécution de

---

230 GIACOPELLI (M.), « Quelle place pour la victime dans l'exécution des peines ? », in V. Malabat, B. Lamy et M. Giacopelli (sous la direction de), *La réforme du code pénal et du code de procédure pénale. Opinio doctorum*, Paris, Dalloz, 2009, p. 327.

231 GUINCHARD (S.), BUISSON (J.), *Procédure pénale*, LexisNexis, coll. Manuel, 10 éd., 2014, p. 719.

232 COUVRAT (P.), « Dispositions générales et nouvelle organisation judiciaire de l'application des peines », *RSC*, 2004, pp. 682-687.

la peine semble dépasser la notion plus restrictive de « partie civile ». C'est notamment ce qu'indique le Professeur Muriel Giacopelli, ceci reflétant une fois de plus l'ambiguïté de la place de la « victime » dans l'application des peines[233].

La loi du 9 mars 2004 portant adaptation de la justice aux évolutions de la criminalité a précisé dans l'article 707 du Code de procédure pénale que l'exécution des peines devait favoriser l'insertion ou la réinsertion des personnes condamnées ainsi que la prévention de la récidive, « dans le respect des intérêts de la société et des droits de la victime ». Si le Doyen Pierre Couvrat a qualifié cette loi du 9 mars 2004 de « petite révolution[234] » c'est parce que cette dernière a acté l'existence de droits à destination de la victime et non plus de simples intérêts au stade de l'application de la peine[235]. Pourtant, comme le relève Christine Lazerges, c'est l'adoption de l'article préliminaire du Code de procédure pénale par la loi n° 2000-516 du 15 juin 2000 renforçant la protection de la présomption d'innocence et les droits des victimes, qui a véritablement engagé la réflexion sur l'entrée de la victime dans la phase d'exécution de la peine[236].

Toutefois, si la loi et la jurisprudence ont fait de la victime partie civile une partie à part entière au stade du procès pénal, le développement des droits de la victime au stade de l'exécution de la peine peut être plus problématique étant donné que la peine est une prérogative régalienne de l'État. Celle-ci répond à la protection de l'intérêt général et non à

---

233 GIACOPELLI (M.), *op. cit.*, p. 791.

234 COUVRAT (P.), *loc. cit.*

235 ROBERT (A-G.), « La victime et la sanction pénale », in *La victime de l'infraction pénale, XXIIe congrès de l'Association française de droit pénal organisé par l'ISCG et l'Association française de droit pénal les 15 et 16 octobre 2015 à Grenoble*, Paris, Dalloz, 2016, p. 141.

236 LAZERGES (C.), « Le renforcement de la protection de la présomption d'innocence et des droits des victimes : histoire d'une navette parlementaire », *RSC*, 2001, p. 7.

celle d'un intérêt particulier, si ce n'est celui du condamné lui-même. Cela justifiait l'exclusion encore récente de la victime du champ de l'application de la peine. Ainsi, pour le Conseil constitutionnel, l'exécution de la peine « a été conçue, non seulement pour protéger la société et assurer la punition du condamné, mais aussi pour favoriser l'amendement de celui-ci et préparer son éventuelle réinsertion[237] ».

Tout d'abord, par la loi du 9 mars 2004, la victime a pu obtenir un droit à l'information en matière d'exécution de la peine. Cette dernière pouvait ainsi être informée des modalités d'exécution de certaines peines. En 2014, ce droit a été inscrit dans la liste des droits de la victime à l'article 707 du Code de procédure pénale. Celle-ci peut donc « être informée, si elle le souhaite, de la fin de l'exécution d'une peine privative de liberté ». De même, la victime peut notamment être informée de la fin d'une contrainte pénale, conformément à l'article D49-93 du Code de procédure pénale. Toutefois, ce droit à l'information est extrêmement évasif et restrictif puisqu'il ne concerne qu'un nombre réduit d'hypothèses. Il est également « erroné » puisque celui-ci ne concerne pas en réalité la fin de l'exécution d'une peine privative de liberté mais est effectif au cours de l'exécution de la peine, notamment lorsque les juridictions de l'application des peines se prononcent favorablement à une fin temporaire ou définitive de l'incarcération.

Puis, l'évolution des droits de la victime au stade de l'exécution de la peine va se poursuivre avec l'article 1er de la loi pénitentiaire du 24 novembre 2009 qui va affirmer que « le

---

237 Cons. constit. 20 janvier 1994, n° 93-334 DC, *Loi instituant une peine incompressible et relative au nouveau Code pénal et à certaines dispositions de procédure pénale*, JORF n° 21 du 21 janvier 1994, p. 1380 ; *D.* 1995. 293, obs. E. Oliva ; *ibid.* 340, obs. T. Renoux ; *Gaz. Pal.* 1994. 1, lég. 220. V. aussi l'article de M. van de Kerchove, « Le sens de la peine dans la jurisprudence du Conseil constitutionnel français », *RSC* 2008. 805.

régime d'exécution de la peine de privation de liberté concilie la protection de la société, la sanction du condamné et les intérêts de la victime, avec la nécessité de préparer l'insertion ou la réinsertion de la personne détenue afin de lui permettre de mener une vie responsable et de prévenir la commission de nouvelles infractions ».

Enfin, la nouvelle formulation de l'article 707 issue de la loi du 15 août 2014 est une avancée en matière de droits des victimes d'infractions mais également un recul. En effet, cela constitue un recul car les droits des victimes ne sont plus cités, à côté des intérêts de la société, comme l'une des finalités poursuivies lors de l'exécution de la peine[238]. D'après Anne-Gaëlle Robert, il faut se réjouir de cette nouvelle formulation puisqu'elle remet à sa juste place la victime dans une phase de l'exécution de la peine où les droits de la victime ne peuvent fonder une décision d'aménagement de peine et spécifiquement s'opposer à l'octroi d'un tel aménagement[239].

Cependant, à la lecture des textes, le droit à la réparation de la victime se reflète sur toutes les procédures d'exécution de la peine.

Ainsi, l'octroi d'un grand nombre d'aménagements de peine dépend des efforts fournis par le condamné pour indemniser la victime, comme la libération conditionnelle selon l'article 729 du Code de procédure pénale ou encore les réductions de peines supplémentaires selon l'article 721-1 du même code. L'octroi de certains aménagements est également subordonné à une décision du juge qui emporte l'obligation pour le condamné d'indemniser la victime, comme pour la semi-liberté selon l'article D138 du Code de procédure pénale, le placement à l'extérieur d'après les articles D129 et D136 du même code, le placement sous surveillance

---

238 HERZOG-EVANS (M.), *loc. cit.*

239 ROBERT (A-G.), *op. cit.*, p. 142

électronique selon l'article 723-10, etc. La liste pourrait s'allonger et comporter certaines mesures suivant la peine privative de liberté comme la surveillance judiciaire des personnes dangereuses de l'article 723-30 ou la surveillance de sûreté de l'article 706-53-19.

La réelle innovation introduite par la loi du 15 août 2014 en matière de droits des victimes lors de l'exécution de la peine concerne la possibilité de mettre en œuvre une mesure de justice restaurative, et ce, notamment afin de permettre une réparation du préjudice subi par la victime autre que pécuniaire. « La victime se voit ainsi reconnaître la possibilité de participer activement à la restauration du lien social et sort ainsi du rôle de sujet passif qui lui est traditionnellement reconnu[240] ». Le développement d'une justice humaniste et bienveillante, cherchant à réconcilier le condamné et la victime, devrait être bien accueillie, même si nous avons pu relever la difficulté pour cette nouvelle forme de justice de s'imposer dans le droit pénal français.

Cependant, en matière de droits des victimes, l'émergence de telles mesures peut mener vers une peine exécutée qui aurait davantage de sens pour la victime que pour le condamné.

B. La quête d'un sens post-sentenciel pour le condamné ou pour la victime ?

Le développement des droits de la victime lors de la phase post-sentencielle peut à première vue interloquer. « Par le prononcé de la condamnation, à l'issue du procès pénal, tout n'a-t-il pas déjà été joué, à la fois pour l'auteur et pour la victime qui s'est constituée partie civile ?[241] » s'interroge ainsi le Professeur Muriel Giacopelli. En effet, comme nous avons

240 SAYOUS (B.), CARIO (R.), *op. cit.*, p. 461.

241 GIACOPELLI (M.), *op. cit.*, p. 789.

pu le relever antérieurement, la légitimité de la victime, en tant que partie civile au procès pénal, dans le cadre *stricto sensu* du droit de la peine, devrait cesser d'exister dès lors qu'elle a obtenu la réparation pécuniaire du dommage que l'infraction aurait pu lui causer. Certes, nous avons pu observer que le mécanisme de l'action civile dépasse sa seule dimension réparatrice et qu'il est une émanation de la vengeance opérée par la victime. Mais quand bien même il est difficile de concevoir que les engagements pris envers la victime lors de la phase du procès cessent au moment où une peine est prononcée, le prononcé de la peine n'est-il pas déjà suffisant pour la victime ?

Étant donné que le droit de l'application des peines n'échappe pas non plus à l'instrumentalisation de la victime par les médias et les politiques, on peut montrer du doigt cette bienveillance ambiante à l'égard de cette dernière tandis que l'on renforce la sévérité de la répression à l'égard des condamnés[242].

En outre, renforcer les droits de la victime au stade de l'exécution, dans la continuité de ceux consacrés au stade du procès pénal, c'est faire du droit de l'application des peines un lieu favorable à des dérives victimaires. La peine ne serait pas uniquement celle du condamné mais également celle de la victime.

Il est vrai qu'une telle présence de la victime dans la phase d'exécution de la peine peut se comprendre au regard de la fonction de réinsertion et de la finalité de prévention de la récidive inscrites à l'article 130-1 du Code pénal, permises par l'exécution de la peine, phase de la peine tournée vers l'avenir[243]. La victime, dans un cadre de réconciliation et de justice restaurative, peut permettre au condamné de retrouver

242 GIACOPELLI (M.), *op. cit.*, p. 791.

243 *Ibid.*

la voie de l'intégration sociale, mais est-il alors question de l'avenir du condamné ou de la victime ?

Nous pouvons également nous demander si la justice pénale doit également se muer en une sorte de « thérapie à la souffrance des victimes[244] ». La création d'un juge délégué aux victimes (JUDEVI) par le décret n° 2007-1605 du 13 novembre 2007[245] semble s'inscrire parfaitement dans une prise en compte thérapeutique des victimes. Ainsi, une victime qui rencontre des difficultés dans l'exercice de ses droits peut saisir ce juge qui constitue un intermédiaire entre le Ministère public et le JAP, sorte de porte-parole des intérêts des victimes. Le JUDEVI dispose de prérogatives d'administration judiciaire relatives aux aménagements de peine lui permettant notamment de saisir le JAP si un condamné ne respecte pas les obligations que le régime de sa peine lui impose, particulièrement celles se rattachant à la victime. En tant que président de la Commission d'indemnisation des victimes d'infractions (CIVI), on ne sait si le JUDEVI peut réellement faire preuve d'impartialité et s'il ne tend pas à se prononcer subjectivement en faveur des victimes.

Cette « juridictionnalisation » des droits des victimes peut-elle aussi être les prémices de ce que certaines personnalités, s'agissant du temps de l'exécution de la peine, ont appelé « un second procès[246] » ? Peut-on imaginer un jour voir la victime contester une décision d'aménagement de peine ? Cela serait extrêmement inquiétant pour le droit de la peine et reposerait

---

244 BADINTER (R.), « Ne pas confondre justice et thérapie », *Le Monde*, 6 septembre 2007.

245 Décret n° 2007-1605 du 13 novembre 2007, *JORF* n° 265 du 15 novembre 2007, p. 18712.

246 DANTI-JUAN (M.), « Réflexion sur la nature de la phase exécutoire du procès pénal », in *Mélanges dédiés à Bernard Bouloc*, Dalloz, 2007, p. 285.

sur le postulat douteux selon lequel la peine peut répondre aux différentes attentes de la victime.

Ainsi, cette promotion des droits et intérêts de la victime au stade du prononcé et de l'exécution de la peine interroge les sens donnés à cette dernière, qu'ils soient perçus par la victime elle-même ou le reste des acteurs de la politique pénale. « Dans quelle mesure le droit pénal peut-il légitimement prendre en compte les intérêts de la victime sans dévoyer le sens de la peine ? [247] » se demande Denis Salas. Il ne fait aucun doute que les juristes continueront de s'opposer sur ce sujet-là, les uns craignant le retour d'une vengeance privée déstabilisant la légitimité même de la pénalité moderne et les autres dénonçant une certaine forme d'indifférence de la justice vis-à-vis d'une victime dont la souffrance et la recherche d'un sens à donner à celle-ci peuvent être légitimes.

Cependant, on peut affirmer sans aucun doute que, pour certaines victimes, cette place qui leur est donnée par la loi dans l'application des peines ne leur permet pas réellement de « faire leur deuil », de passer à autre chose. Les tenir informées sur les modalités d'exécution de la peine de l'auteur de l'infraction leur ayant causé un dommage, ce peut être prolonger leur souffrance. Au lieu de tourner la page, elles alimentent leur propre douleur. « L'opportunité de maintenir la victime active durant l'exécution des peines n'est pas sans danger pour elle-même[248] » conçoit le Professeur Cario. « Elle retarde certainement son travail de deuil qui doit lui permettre, inévitablement, de passer de la détresse à l'adaptation[249] » poursuit-il.

---

247 SALAS (D.), « Présence de la victime dans le procès et sens de la peine », *AJ pénal*, 2004, n° 12, p. 430.

248 CARIO (R.), « La place de la victime dans l'exécution des peines », *D.* 2003, n° 3, chron., p. 150.

249 *Ibid.*

Toutefois, il est des évolutions qui, tout en étant liées à la victime dite « singulière » et à la question de sa juste place, sont plus inquiétantes. Bien plus que la victime d'une infraction pénale, la victime directe ne serait-elle pas également la « victime » des médias et de la classe politique qui se complaisent à instrumentaliser sa souffrance et sa quête de sens à des fins répressives et sécuritaires ? Si la victime est sacralisée par l'opinion publique, la figure du *condamnable* semble être érigée en ennemi de la Nation, au détriment des droits les plus fondamentaux de notre justice pénale.

Section 2. Les représentations de la peine par la société et ses dangers

Sous l'influence néfaste des médias, qui ont un goût naturel pour le sensationnel, l'opinion publique semble vouloir faire uniquement de la peine une souffrance à l'égard du condamné.

Si la justice pénale gravite autour de la société, comme elle gravite autour du condamné et de la victime, et si l'une des finalités poursuivies par la peine selon l'article 130-1 du Code pénal est de protéger la société, la peine ne doit toutefois pas devenir un instrument vindicatif par lequel les passions populaires se déchirent. La justice doit pouvoir prendre en compte l'intérêt général par l'intermédiaire exclusif du Ministère public, tout en s'élevant au-dessus de l'opinion publique afin de ne pas mélanger droit et morale. La chose n'est pas aisée et se développe un populisme pénal qui fabrique une représentation détournée de la peine, notamment par l'instrumentalisation qui est faite de la parole de la victime devenue « invoquée[250] » (**§1**). Le développement de ce populisme pénal a de nombreuses conséquences inquiétantes sur la justice et la peine. Dans une perspective

---

250 SALAS (D.), *loc. cit.*

sécuritaire et répressive, la peine ne semble plus totalement fidèle à ses principes les plus fondamentaux (**§2**).

§.1 Une représentation détournée de la pénalité

Il s'agira d'aborder en premier lieu l'instrumentalisation qui est faite de la pénalité et de ses sens par les récits médiatiques et les discours politiques, ces derniers attisant les passions entre pitié à l'égard des victimes et colère à l'égard des auteurs présumés de l'acte infractionnel (**A**). En second lieu, il conviendra de voir que cette instrumentalisation des passions populaires par les médias et les politiques contribue au développement dans l'opinion publique de représentations et perceptions asymétriques de la pénalité et du condamné (**B**).

A. Une instrumentalisation des passions

Le premier rôle joué par les médias et la classe politique dans l'exacerbation d'un sentiment d'insécurité dans la population n'est pas chose récente en France. Certes, l'évolution de notre monde vers des sociétés mondialisées et hyper-connectées a sans aucun doute renforcé le pouvoir instrumental de l'information et de la désinformation. « En France comme dans le monde entier, tout un chacun peut s'alimenter, en direct de plus en plus souvent et en boucle, de nourritures médiatiques les plus diverses, les plus objectives comme les plus subjectives[251] ». Si le pouvoir de la presse sur les consciences et la justice n'est pas nouveau, le Professeur Cario affirme toutefois que cela « [...] a pris un tour très particulier au cours de ces dernières années, depuis la fin des *Trente Glorieuses* principalement[252] ». S'il ne s'agit pas ici de remettre en question le droit d'expression et la liberté de la presse, nous ne pouvons toutefois que constater l'effet néfaste

---

251 CARIO (R.), « Médias et insécurité : entre droit d'informer et illusions sécuritaires », *D.* 2004, p.75.

252 *Ibid.*

que peuvent avoir les médias sur la justice pénale et la peine. La presse est l'un des bâtisseurs du sentiment d'insécurité chronique ressenti en France. Le moindre fait divers est traité de telle sorte qu'il est donné l'impression que la France est sans cesse à feu et à sang. De même, les affaires judiciaires sont généralement présentées en cours d'enquête ou de jugement, de manière erronée, avec des approximations et des non-sens juridiques qui trompent le citoyen profane. La plupart des journaux présentent ainsi une vision peu objective et rigoureuse de la réalité pénale, dans laquelle il est facile de tomber dans une sorte de « manichéisme judiciaire » opposant l'horrible criminel à la faible victime. Aussi, il serait bon de rappeler à certains journalistes que toute personne poursuivie est innocente tant qu'elle n'a pas été déclarée coupable par la justice.

C'est la figure de la victime qui est le premier objet de l'instrumentalisation faite par les médias et les responsables politiques. Les médias et la classe politique se complaisent, les premiers dans une finalité économique et les seconds dans une finalité électoraliste, à faire de la victime le porte-étendard d'une cause noble contre la barbarie des criminels. Il ne s'agit pas ici de faire des généralités mais de constater l'emballement médiatique et politique autour de certaines affaires pénales.

L'exemple le plus illustratif de cette dérive victimaire est le débat fréquent sur la prescription des crimes sexuels qui est relaté par Jean Danet[253]. Cette problématique, souvent évoquée de manière démagogique dans les débats politiques, attise les passions les plus virulentes, notamment chez les associations d'aide aux victimes.

Parfois, médias et politiques travaillent de concert et pourraient être qualifiés de « partenaires » dans cette escalade sécuritaire et répressive. Ainsi, tout fait divers, s'il est saisi par

---

253 DANET (J.), *Défendre. Pour une défense pénale critique*, Dalloz, coll. État de droits, 2e éd., 2004, 288 p.

l'opinion publique, doit amener à une réaction de la classe politique. « Aucun responsable politique ne veut paraître complice du mal frappant les victimes[254] ». La récente proposition en faveur de la castration chimique obligatoire des délinquants sexuels, faite par le président des Républicains (LR) Laurent Wauquiez est de cet acabit[255]. Si elle reflète probablement la pensée de son auteur, elle n'en a pas moins un objectif premier : manœuvrer la compassion à l'égard des victimes et attiser le désir punitif, dans un seul calcul politique, à savoir celui de fracturer l'opposition politique au pouvoir, jugée trop laxiste, et rassembler un électorat qui ne peut que rejoindre cette hantise haineuse envers les criminels.

Une partie de l'opinion publique entend, du moins jusqu'au prochain fait divers, favorablement ces mesures précipitées et ces appels à une plus grande fermeté de la justice, comme si une pénalité sévère et ferme pouvait adoucir les souffrances. Effectivement, « nous gardons du mythe de la peine la croyance en ses effets presque magiques d'apaisement des malheurs collectifs. Comme s'il y avait toujours dans la pénalité une aptitude à éradiquer le mal[256] ».

Cependant, à notre sens, une part de responsabilité appartient également à notre système judiciaire dont la technicité et l'étendue ne permettent pas à une part des citoyens, profanes, d'en saisir toute la complétude. Dès lors, les confusions et les incompréhensions juridiques, alimentées par certaines désinformations, alimentent des critiques véhémentes et complètement infondées. Peut-être l'école de la République devrait-elle consacrer davantage de son temps aux notions les plus fondamentales du droit, dans une perspective civique, et ce, afin d'éviter de nombreuses

---

254 SALAS (D.), *op. cit.*, p. 88.

255 WAUQUIEZ (L.), « Il faut rendre la castration chimique obligatoire pour les violeurs », *20 Minutes*, 3 mai 2018.

256 SALAS (D.), *loc. cit.*

confusions dans la population. L'idée même selon laquelle note système judiciaire serait particulièrement clément et laxiste envers les délinquants est en grande partie une illusion. En vérité, de manière anecdotique il peut l'être tout à fait, par certaines décisions de justice se fondant sur l'opportunité politique ou parce qu'il est de plus en plus mis en place des voies alternatives aux poursuites qui ne sont pas perçues comme sévères, mais de manière générale il se fait plus dur. En revanche, une forme de laxisme judiciaire tient davantage à l'ineffectivité qui existe dans l'exécution des peines, que ce soit par un retard dans l'exécution ou une inexécution tout simplement. Aussi, une meilleure appréhension du droit et de ses enjeux par nos concitoyens servirait grandement la société française.

Sous l'influence des médias et de la classe politique, l'opinion publique n'a alors qu'une conception de la peine : le châtiment doit être une souffrance permanente toujours *contre* et jamais *pour* le condamné, même après l'exécution de sa peine. Si cela peut apparaître conforme à la fonction rétributive de la peine que nous avons défendue dans le présent écrit, le châtiment tel que souhaité par l'opinion publique semble être complètement démesuré et hostile à toute forme de réhabilitation du condamné.

B. Une peine *omnino contra* le condamné

De manière générale, sans qu'il ne soit possible de chiffrer cela avec exactitude, l'opinion publique est majoritairement répressive et sécuritaire s'agissant de la justice pénale. Certes, l'opinion dominante n'est pas toujours l'opinion majoritaire et souvent la voix d'une poignée se fait davantage entendre que la voix du plus grand nombre. Ceci dit, il semblerait bien qu'en France, au regard notamment du climat terroriste dans lequel nous sommes plongés depuis plusieurs décennies maintenant et de la défiance des peuples envers les institutions, cette

« volonté de punir[257] », sans limites, soit majoritairement partagée par la société française. Il n'est pourtant pas aisé de se prêter à un tel exercice : celui de pouvoir retranscrire ce que peut penser et exprimer tout un peuple. L'exercice serait surement prétentieux et inexact, et tel ne sera donc pas le cas ici. Nous tâcherons seulement de traduire ce sentiment général de peur, d'insécurité et de vengeance qui existe dans la population française et que nombre de commentateurs ont pu mettre en lumière.

Outre le pouvoir du récit médiatique sur les consciences et les dérives sécuritaires permises par une accumulation de lois à l'initiative d'un pouvoir politique manquant de courage face aux ardeurs populaires, nombre de facteurs peuvent expliquer cet élan répressif.

C'est notamment le fait de la menace terroriste fortement réactualisée à compter du 11 septembre 2001, d'un sentiment d'insécurité exacerbée depuis plusieurs décennies déjà, notamment par l'augmentation des violences sexuelles et des violences sur mineurs lors du siècle dernier, d'un « devoir de mémoire des victimes[258] » qui s'est imposé dans les esprits. Les facteurs sont légion et nous ne pourrons ici nous montrer exhaustif.

Quoi qu'il en soit, cette représentation de la peine, et de manière plus générale de la justice pénale, est une réalité inquiétante. Cette représentation peut, à notre sens, être mise en scène par l'étrange dispositif imaginé par l'auteur italien Buzzati dans sa nouvelle *Quiz aux travaux forcés*[259]. Ce dernier a ainsi imaginé un « grand pénitencier » se situant en périphérie d'une ville et dans lequel il est donné la chance à

---

257 *Ibid.*

258 *Ibid.*, p. 12.

259 BUZZATI (D.), *Le K - Quiz aux travaux forcés*, Paris, Librairie générale française, 1969, 380 p.

chacun des condamnés, une fois durant toute sa réclusion, d'être conduit sur le balcon de l'établissement pénitentiaire et de s'adresser à une foule réunie devant lui pendant quelques minutes. L'idée est simple : si le condamné est hué par la foule, il purgera sa peine entièrement ; inversement, si celle-ci l'applaudit, il sera immédiatement libéré. Le personnage principal de cette nouvelle est un prisonnier qui affirme n'avoir jamais eu connaissance d'un cas de libération. Un jour alors arrive son tour de s'adresser à la foule. Comme pour les autres prisonniers, la foule, moqueuse, l'exhorte à raconter l'injustice de sa condamnation et la misère de sa vie carcérale. À la surprise générale, celui-ci déclare vouloir rester en prison. La prison le nourrissant et le logeant, il se sent bien plus heureux enfermé qu'en liberté. Affirmant s'être présenté devant la foule par contrainte et ne pas vouloir de sa liberté, il s'apprête à regagner sa cellule. À ce moment-là, quelqu'un dans la foule s'écrie : « Ah, non, ce serait trop facile ! » Alors, toute la foule applaudit et il est libéré[260].

La moralité, si l'on peut qualifier ainsi le message caché dernière la nouvelle de Buzzati, est que, pour la société, la peine ne peut être *pour* le condamné. Elle doit nécessairement être *contre* lui. Si un condamné purgeant sa peine y trouve un quelconque refuge, la prison dans la nouvelle, ou toute forme de « profit », alors autant lui rendre la liberté, faire cesser sa peine, de manière à ce qu'il soit placé dans une situation qui lui cause exclusivement un tort, une souffrance.

Aussi, pour la société, le sens de la peine doit être unique. Et si nos concitoyens étudiaient les textes pénaux, nombre d'entre eux s'offusqueraient à la simple lecture du terme « réinsertion », dénonçant un traitement de faveur concédé depuis trop longtemps par nos institutions.

---

260 Cette nouvelle de D. Buzzati est notamment reprise par D. Fassin dans son ouvrage *L'ombre du monde : une anthropologie de la condition carcérale*, Paris, Ed. Points, 2017, p. 537.

En effet, la peine doit être afflictive mais si celle-ci peut également apporter positivement au condamné, il ne faut nullement s'en émouvoir ou s'en offusquer, car cela pourra lui être bénéfique lorsqu'il cherchera à réintégrer la société. Une peine ne doit pas être commode mais elle ne doit pas non plus être cruelle. Tout condamné sera amené à ne plus l'être, aussi faut-il prendre en compte son droit de réintégrer la société après l'exécution de sa peine.

Au regard des deux facettes de la rétribution, l'affliction et l'infamie, on peut se demander si c'est deux caractères de la rétribution ne se retrouvent pas à travers les messages de haine et de mépris exprimés dans toute la France. Combien de nos concitoyens appellent fréquemment au retour de la peine de mort ? Si la mesure de sûreté est qualifiée de « peine après la peine », la clameur vindicative n'est-elle pas, d'une certaine manière, la peine *avant* la peine ? Maximilien de Robespierre, qui fut le premier artisan de ce que l'on appela la Terreur au temps de la Révolution, déclarait en mai 1791 devant l'Assemblée constituante que « la plus terrible de toutes les peines pour l'homme social, c'est l'opprobre, c'est l'accablant témoignage de l'exécration publique ». Gabriel Tarde fut du même avis que l'*Incorruptible*, affirmant que « l'âme de la peine, la peine vraie, c'est la réprobation générale[261] ». Si l'infamie est l'essence même de la peine, il ne faut toutefois pas en abuser[262], ni la confondre avec la haine.

Cette représentation de la peine emporte nombre de conséquences, dont les principales ont trait à l'irrespect des droits les plus fondamentaux de la justice pénale et à la déstabilisation du procès pénal. De même, la loi pénale devient plus répressive et sécuritaire, accumulant les régimes d'exception et transformant substantiellement la peine.

---

261 TARDE (G.), *La philosophie pénale*, Paris, Cujas, 1972, p. 492.

262 BECCARIA (C.), *loc. cit.*

§.2 Les dangereuses conséquences du populisme pénal sur la logique punitive

Si ce populisme pénal déstabilise l'essence même du procès pénal et porte atteinte aux droits les plus fondamentaux de notre justice pénale comme la présomption d'innocence (**A**), d'autres conséquences d'une telle perception de la peine par la société sont bien plus dangereuses, à l'image du développement d'un droit pénal aux allures sécuritaires et administratives (**B**).

A. L'intrusion de la morale dans la pénalité

Ici se pose la question du poids de l'opinion publique, et donc de la morale, sur la solution du procès pénal, mais également sur ce qui la précède et la suit. La morale peut-elle supplanter le droit et être à l'origine du prononcé d'une peine et de la fixation de son régime ?

Une illustration de cette menace qui pèse sur la pénalité est donnée par l'argumentaire sentenciel d'un juge au Canada[263]. Certes, le droit anglo-saxon varie du droit romano-germanique français, mais cet exemple reste pertinent dans la mesure où la justice française tend à se rapprocher de ce qui peut se faire outre-Atlantique.

En l'espèce, il est ainsi question d'un père de famille, ivre au volant, qui avait renversé mortellement un jeune enfant de cinq ans. Il est alors poursuivi pour de tels faits, encourant pour l'un des chefs d'accusation une peine maximale de réclusion à perpétuité. Toutefois, sans s'attarder plus amplement sur les spécificités du droit criminel canadien, une sorte d'entente est permise entre le Procureur de la Couronne et la défense, cette dernière ayant obtenu de son client un

263 CAUCHIER (J-F.), SAUVAGEAU (J.), « Le deuil des proches de victimes au service de la pénalité », in *La peine dans tous ses états – Hommage à Michel van de Kerchove*, Bruxelles, Larcier, 2011, pp. 242-245.

plaidoyer de culpabilité pour deux chefs d'accusation, synonyme de reconnaissance de culpabilité permettant d'amoindrir la sévérité de la peine. Lors de l'audience, il est donc admis une recommandation conjointe de sentence moins sévère. Présent à l'audience, le père de la jeune victime, réalisant que la recommandation de sentence va être suivie par le juge, se lève et s'exclame : « Mon fils est mort, c'est incroyable ! Mettez vos culottes, quelqu'un ! C'est incroyable ![264] » Le juge affirmera plus tard avoir été ébranlé par le comportement et les déclarations du père de la victime. Ce fut en effet le cas puisque à la suite de cet incident, il reportait le prononcé de la sentence, déclarant que la peine qu'il imposera, à la suite de ce délai de réflexion, sera plus importante que celle proposée par les avocats[265]. Le jour où il va rendre sa sentence, le juge rappelle qu'il juge un crime et non les manifestations de souffrance des proches de la victime. Pourtant, il déclare que la recommandation faite par le Procureur de la Couronne et l'avocat de la défense ne tient notamment pas compte « [...] des conséquences sur les victimes ». Il ajoute « qu'il est évident qu'au titre des circonstances aggravantes, le décès de la jeune victime et les conséquences de ce décès sur sa famille sont des facteurs très importants et très aggravants[266] ». Il ne fait donc aucun doute que le juge a fondé en partie la peine prononcée sur l'expression de la douleur d'un père ayant perdu son enfant. Or, si la souffrance doit être entendue, elle ne doit toutefois pas être l'un des fondements du prononcé d'une peine, et d'une certaine manière, le juge a ici failli à son rôle impartial et objectif. La déesse de la justice Thémis se doit d'être froidement aveugle.

---

264 « Le cri du cœur d'un père ébranle un juge », *Radio Canada*, 20 octobre 2005.

265 *Ibid.*

266 *Ibid.*

Aussi, l'emprise de l'opprobre sociale précède même le procès pénal et influe sur toute la procédure d'enquête ou d'instruction. Nous savons que la présomption d'innocence est constamment bafouée par le droit lui-même, celui-ci permettant d'incarcérer un individu présumé innocent dans le cadre de la détention provisoire. Néanmoins, c'est véritablement par la voix de l'opinion publique et des médias, parfois même des politiques, que la présomption d'innocence n'est plus. Tout auteur présumé d'une infraction médiatisée est ainsi coupable avant même d'avoir été jugé.

Mais cela ne s'arrête pas là puisque, si « la plus terrible de toutes les peines », à savoir l'opprobre populaire, débute avant même tout procès et le prononcé d'une peine, celle-ci se poursuit aussi bien après l'exécution d'une peine. Dès lors, c'est le droit à l'oubli des « anciens » condamnés qui n'est plus. La pénalité est donc à jamais inscrite dans le marbre, ou plutôt dans la chair. Le retour polémique du chanteur Bertrand Cantat sur la scène musicale est de cet ordre-là. Certaines associations qui se revendiquent féministes refusent de voir ce « tueur de femmes » se reproduire en concert, si ce n'est de reprendre sa vie. Bien entendu, l'homme a fauté mais n'a-t-il pas été condamné ? N'a-t-il pas exécuté sa peine et payé sa dette à la société ? Aussi, s'opposer à ce qu'un homme qui a été jugé, condamné et qui a purgé sa peine puisse réintégrer pleinement la société, n'est-ce pas là contrevenir à la finalité de réinsertion tant promise par la peine ?

De même, la question du droit à l'oubli des personnes condamnées est directement affectée par celle de la prescription. « L'extension de la prescription renforce le pouvoir de punir, présente l'oubli comme une défaite inacceptable[267] » affirme Denis Salas. En effet, l'allongement de la prescription des violences sexuelles commises sur mineur inscrite à l'article 7 du Code de procédure pénale

[267] SALAS (D.), *op. cit.*, p. 93.

interroge une nouvelle fois sur les sens à donner à la peine. Depuis la loi n° 2018-703 du 3 août 2018[268], un individu pourra être poursuivi près de 30 ans après la commission des faits en matière d'infractions sexuelles sur mineurs, tant bien même s'il n'est plus l'homme qu'il était autrefois. Bien entendu, nous respectons la souffrance parfaitement légitime des victimes et n'appelons absolument pas à une forme d'impunité pour les délinquants sexuels, ces derniers devant répondre de leurs actes devant la justice. Néanmoins, force est de constater que l'allongement du délai de prescription pour de telles infractions répond exclusivement à une idéologie victimaire et peut poser des problèmes procéduraux, comme celui du dépérissement des preuves, et contrevenir au bon sens. La prescription n'est-elle pas au service de la paix publique qui commande, au bout d'un certain temps, d'oublier l'infraction ? Le but est bien de mettre un terme à une forme de vengeance et d'apaiser les victimes. Or, l'ultime allongement de ce délai de prescription est bien le signe que le droit à l'oubli s'efface et que « le sens de la peine n'est plus du côté de l'auteur ; il a un sens exclusif du côté de la victime[269] ». Cette affirmation est d'autant plus véritable lorsque certains appellent de leurs vœux l'imprescriptibilité des crimes sexuels commis sur mineurs, mettant ainsi à la même hauteur de tels crimes et les crimes contre l'humanité. Cette proposition est déraisonnable et disproportionnée. Ainsi, « à la fin du procès, la peine est elle aussi marquée par la démesure[270] ».

En outre, la moralité n'est pas la seule à s'introduire dans le champ de la peine. Au service d'un prétendu redoublement de sécurité, le législateur multiplie les lois et renforce ainsi

---

268 Loi n° 2018-703 du 3 août 2018 renforçant la lutte contre les violences sexuelles et sexistes, *JORF* n° 179 du 5 août 2018.

269 SALAS (D.), *loc. cit.*

270 *Ibid.*

l'emprise de la dangerosité dans notre système judiciaire. À la lumière de la loi n° 2017-1510 du 30 octobre 2017 renforçant la sécurité intérieure et la lutte contre le terrorisme[271], la présomption d'innocence n'est plus effacée mais transformée en présomption de dangerosité[272] ! Assistons-nous à l'évolution de la pénalité dont le seul objectif est de lutter contre l'insécurité et la dangerosité présumée de certains individus ? La pénalité de demain sera-t-elle une mesure coercitive de contrôle social prise par le pouvoir administratif ?

B. L'intrusion de la sécurité dans la pénalité

L'obsession sécuritaire qui a lieu dans notre pays depuis plusieurs décennies maintenant semble imposer un nouveau modèle répressif fondé sur « la multiplication d'interventions *ante delictum*, conduisant à un affaiblissement des droits fondamentaux[273] ».

Cette obsession sécuritaire contemporaine fait ainsi écho à la théorie du « droit pénal de l'ennemi » proposée au siècle dernier par le Professeur allemand Jakobs. Il s'agit pour l'État de construire un arsenal pénal dérogatoire, menaçant grandement les libertés fondamentales, destiné à mettre hors d'état de nuire tous les individus considérés comme « les ennemis de l'État ». Ainsi, « la neutralisation de l'ennemi dangereux est au cœur de la théorie qui implique que la société s'octroie le droit de désigner l'ennemi afin de lui réserver un traitement différencié tant au regard des règles de fond que de

---

271 Loi n° 2017-1510 du 30 octobre 2017 renforçant la sécurité intérieure et la lutte contre le terrorisme, *JORF* n° 255 du 31 octobre 2017.

272 PERRIER (J-B.), « La loi renforçant la lutte contre le terrorisme et l'atteinte à l'État de droit », *D.* 2018, p. 24.

273 DREUILLE (J-F.), « Le droit pénal de l'ennemi : éléments pour une discussion », *Jurisprudence. Revue critique*, Université de Savoie, 2012, p. 149.

forme du droit pénal, marquant ainsi un affaiblissement incontestable des droits fondamentaux[274] ».

Sur « la scène d'une guerre contre le crime », Denis Salas parle de « banalisation d'un droit d'exception[275] ». Il existerait ainsi un droit pénal des citoyens et un droit pénal des « autres ». Ces ennemis de la société doivent alors être neutralisés, par l'incarcération ou la mort, de manière à les séparer de la société.

La surmédiatisation des faits divers et affaires pénales, et la commission d'attentats terroristes se traduisent ainsi par un appel à davantage de sécurité émis par les citoyens et dont les politiques se saisissent dans une finalité électorale. Aujourd'hui, l'opinion publique n'a jamais autant exprimé sa colère et sa haine envers les auteurs présumés d'une infraction, en particulier en matière de terrorisme, de violences sexuelles, conjugales et d'infractions envers les mineurs. Aujourd'hui, ces délinquants sont les nouveaux visages de « l'ennemi ».

Ainsi, un des nouveaux sens que la société donne à la pénalité est celui de devoir prévenir la commission de toute infraction et de punir dans le même temps. Là se développe ainsi le concept de dangerosité alimenté par la croyance selon laquelle la commission d'une infraction est la preuve de l'échec de notre système judiciaire, comme si l'État et la justice devaient permettre de prévenir et d'éviter tout acte criminel. En effet, il aurait été difficile d'aborder la dérive sécuritaire de notre droit sans évoquer le développement du concept de dangerosité dans notre système répressif. En vérité, la majorité des mesures prises au nom de l'assurance d'une plus grande sécurité se fondent sur la dangerosité. N'est-ce pas en réalité le cas de la peine privative de liberté et des différentes

---

274 *Ibid.*

275 SALAS (D.), *op. cit.*, p. 172.

mesures restrictives de liberté ? C'est notamment dans ces mesures restrictives de liberté que se perd la peine puisque certaines d'entre elles relèvent en effet du champ de la peine *stricto sensu*, tandis que d'autres sont d'une nature tout à fait différente. Cette ligne de porosité entre la pénalité et la mesure coercitive de nature administrative est ainsi parfaitement illustrée par certaines dispositions introduites par la loi renforçant la sécurité intérieure et la lutte contre le terrorisme du 30 octobre 2017.

Ainsi, cette loi permet notamment au ministre de l'Intérieur de prendre des mesures coercitives à l'encontre d'un individu dont il existe des raisons de penser qu'il peut constituer une menace d'une particulière gravité pour la sécurité et l'ordre public. Le ministre de l'Intérieur peut ainsi « faire obligation à la personne visée de ne pas se déplacer à l'extérieur d'un périmètre géographique déterminé, qui ne peut être inférieur au territoire de la commune, mais aussi de se présenter périodiquement aux services de police ou aux unités de gendarmerie, dans la limite d'une fois par jour, et/ou de déclarer son lieu d'habitation et tout changement de celui-ci[276] ». Or, le non-respect de l'une de ses obligations administratives est, conformément à l'article L228-7 du Code de la sécurité intérieure, peut être sanctionné d'une peine de trois ans d'emprisonnement et de 45 000 € d'amende.

La véritable question s'agissant de dérives sécuritaires s'attaquant à notre droit pénal est de savoir si l'on peut inverser la tendance ou si cela est déjà trop tard. Cela doit passer par une acceptation du postulat selon lequel davantage de moyens coercitifs et attentatoires aux libertés ne sont pas gages d'efficacité et de protection totale de la société. Ce constat est notamment illustré par l'ensemble des lois terroristes qui se succèdent depuis plusieurs décennies en France. Ces dernières sont généralement une réponse à un

---

276 PERRIER (J-B.), *loc. cit.*

nouvel attentat terroriste sur le sol français et donnent l'illusion de pouvoir empêcher le prochain attentat de se produire. Or, aucune loi, aussi coercitive soit-elle, ne pourra assurer la sécurité de chacun des citoyens français à tout moment et en tout lieu. Il faut accepter que le droit pénal ne puisse permettre d'éviter la commission de nouvelles infractions. Si la peine a une vocation dissuasive certaine, notamment par son exemplarité, il ne faut pas que sa mise en œuvre serve à prévenir la commission de nouvelles infractions. La justice pénale ne doit pas être un aruspice en mettant en œuvre une logique prédictive qui bafoue ses principes les plus fondamentaux.

Aussi l'évolution actuelle de la pénalité, et plus généralement du droit pénal inquiète et nous amène à nous interroger : « Ne sommes-nous pas en train de bâtir sur le sable une société de la peur où l'égale dignité de chaque être humain est en danger sans que pour autant des gages nouveaux de sécurité accrue et de protection publique soient donnés ?[277] »

---

277 LAZERGES (C.), *loc. cit.*

Conclusion

Sans doute aurions-nous pu aborder les sens de la peine sous un angle d'étude différent, en nous intéressant à d'autres évolutions récentes de la pénalité qui affectent ses sens. Il peut aussi nous être reproché d'avoir eu un raisonnement quelque peu binaire, nous interrogeant davantage sur la question de savoir s'il existe un « bon » ou un « mauvais » sens de la peine, plutôt que de se demander si celle-ci a bien toujours du sens.

Aussi, le présent écrit n'aura sans doute pas permis d'identifier avec complétude les différents sens de la peine, qu'il s'agisse de ses significations ou ses orientations, mais, à notre décharge, il ne s'était pas fixé cet objectif. En vérité, cette tâche d'identification des différents sens que peut revêtir la pénalité paraît insurmontable et nous pouvons légitimement nous demander si elle trouvera véritablement une réponse un jour, d'autant plus que les sens de la peine à une époque donnée ne pourront être ceux de l'époque suivante. La question est donc éternellement renouvelée. C'est probablement en cela qu'une telle interrogation est devenue une obsession pour les philosophes et juristes depuis le siècle des Lumières : si les penseurs et acteurs de la pénalité poursuivent la raison d'être de la peine, c'est parce que cette quête est sans fin.

Cependant, nous croyons que la réflexion engagée dans le présent écrit aura permis de mettre en évidence certaines évolutions de la pénalité et les conséquences que cela peut avoir sur la volatilité de ses sens. La question du ou des sens de la peine étant aujourd'hui posée par le législateur et les acteurs de la politique pénale, cette démonstration aura abordé certains aspects des significations et orientations de la peine.

De même, certaines difficultés et confusions auront pu être évoquées.

L'une de ces difficultés se rapporte à la croyance selon laquelle la signification de la peine est unique. Là d'ailleurs se justifie le titre que nous avons attribué à cet ouvrage, *Les sens de la peine*, au pluriel. Car, dans l'état actuel de nos prisons, et plus généralement de notre justice pénale, nous ne pouvons valablement croire que le sens de la peine inscrit à l'article 130-1 du Code pénal est tout à fait compris par le condamné, la société ou la victime. C'est donc se méprendre que de croire que ce sens-là est singulier, universel et intelligible pour chacun d'entre eux.

Une seconde difficulté, certainement plus vaste et complexe, touche à l'écart grandissant qui existe entre les paradigmes de la peine, remontant aux temps des Lumières, et ce qui se fait aujourd'hui en France, dans la pratique de la peine. En effet, la peine semble aller dans plusieurs directions à la fois et c'est un sens « écartelé » de celle-ci que le législateur a inscrit au sein de l'article 130-1 du Code pénal. Aussi, nous pouvons nous demander si la question n'est plus de savoir ce que sont les sens de la peine mais si celle-ci en a toujours un ! Sans remettre nullement en cause la richesse des apports de la pensée pénale moderne depuis le siècle des Lumières, peut-être faudrait-il que le législateur prenne position de manière plus claire encore sur les sens à donner à la peine car « la pénologie contemporaine est désormais un entrelacs de logiques parfois contradictoires[278] », quitte à proposer de nouveaux discours en s'affranchissant des modèles d'antan ou en les réinterprétant. Si l'un des cinq chantiers de la réforme

278 BÉAL (C.), DELIA (L.), *op. cit.*, p. 2.

de la justice à venir s'intéresse aux sens de la peine, il semble toutefois peu probable que l'article 130-1 du Code pénal soit renouvelé. Or, cela peut être regrettable car renouveler la peine, ce serait s'approprier de nouveaux sens, plus à même de correspondre à la réalité des pratiques. Il faut toutefois prendre garde de ne pas dénaturer la peine. À notre humble avis, cela devrait avant tout passer par la recherche d'une définition plus cohérente et pragmatique des fonctions et finalités de la peine. À moins que nous nous trompions et que « [...] peut-être, au fond, la caractéristique principale du droit pénal contemporain réside-t-elle justement dans ce phénomène d'hybridation entre logiques contradictoires[279] ».

Quoi qu'il en soit, cette réflexion sur les sens de la peine, en ce qu'elle cherchait avant tout à interroger et à réfléchir plus qu'à apporter une réponse claire et définitive, n'aura sans doute pas été vaine, et nous nous en remettons aux sages paroles de feu Michel van de Kerchove qui aura tant apporté à notre présent travail pour la conclure : « Le sens est un "horizon" qu'on n'atteint jamais mais qui recule au fur et à mesure qu'on s'en rapproche[280]. »

---

279 MASSÉ (M.), JEAN (J-P.), GIUDICELLI (A.) (sous la direction de), *op. cit.*, p. 108.

280 VAN DE KERCHOVE (M.), *op. cit.*, p. 18.

Index

V

Bibliographie

Dictionnaires et encyclopédies

ARNAUD (A-J.) (sous la direction de), *Dictionnaire encyclopédique de théorie et sociologie du droit*, Paris, LGDJ, 2ème éd., 1993, 758 p.

BENVENISTE (E.), *Le vocabulaire des institutions indo-européennes, Pouvoir, droit, religion*, t. 2, Paris, Ed. De Minuit, 1969, 344 p.

BEZIZ-AYACHE (A.), *Dictionnaire de droit pénal général et de procédure pénale*, Paris, Ellipses, 6ème éd., 2016, 343 p.

CORNU (G.), ASSOCIATION HENRI CAPITANT (sous la direction de), *Vocabulaire juridique*, Paris, PUF, 12ème éd., 2017, 1103 p.

PRUVOST (J.) (sous la direction scientifique de), BLUM (C.) (sous la direction générale de), *Le nouveau Littré*, Paris, Ed. Garnier, 2004, 1639 p.

Manuels et traités

BECCARIA (C.), *Des délits et des peines*, Paris, ENS Ed., 2009, 446 p.

BOULOC (B.), *Droit de l'exécution des peines*, Paris, Dalloz, 5ème éd., 2017, 565 p.

CARIO (R.), *Introduction aux sciences criminelles : pour une approche globale et intégrée du phénomène criminel*, Paris, L'Harmattan, 5ème éd., 2005, 276 p.

GARÇON (E.), PELTIER (V.), *Droit de la peine*, Paris, Litec, 2010, 633 p.

GUINCHARD (S.), BUISSON (J.), *Procédure pénale*, LexisNexis, coll. Manuel, 10 éd., 2014, 1510 p.

JOUSSE (D.), *Traité de la justice criminelle en France*, t. I, Paris, Debure, 1771, 848 p.

MONTESQUIEU, *De l'esprit des lois*, nouvelle éd., Paris, Garnier, 1871.

SALEILLES (R.), *L'individualisation de la peine : étude de criminalité sociale*, 3e éd., Paris, 1927, F. Alcan, 288 p.

TULKENS (F.), VAN DE KERCHOVE (M.), *Introduction au droit pénal : aspects juridiques et criminologiques*, Bruxelles, E. Story-Scientia, 1993, 449 p.

Ouvrages spécialisés

ANCEL (M.), *La défense sociale nouvelle : un mouvement de politique criminelle humaniste*, 3e éd., Paris, Cujas, 1981, 381 p.

BOUAGGA (Y.), *Humaniser la peine – Enquête en maison d'arrêt*, Presses Universitaires de Rennes, 2015, 311 p.

BUZZATI (D.), *Le K - Quiz aux travaux forcés*, Paris, Librairie générale française, 1969, 380 p.

CASSIN (R.), ROLLAND (M.), *Aspects nouveaux de la pensée juridique : recueil d'études en hommage à Marc Ancel*, Paris, A. Pedone, 1975, Tome II, 491 p.

CASTEL (R.), *La gestion des risques*, Paris, Ed. De Minuit, 1981, 228 p.

CÉRÉ (J-P.), *La prison*, 2e éd., Paris, Dalloz, 2016, 163 p.

CHAUVAUD (F.) (sous la direction de), *Le droit de punir du siècle des Lumières à nos jours*, Rennes, PUR, 2012, 200 p.

CUSSON (M.), *Pourquoi punir*, Paris, Dalloz, 1987, 203 p.

DANET (J.), *Défendre. Pour une défense pénale critique*, 2e éd., Paris, Dalloz, 2004, 288 p.

DREYFUS (B.), *Regard contemporain sur la défense sociale nouvelle de Marc Ancel*, Paris, L'Harmattan, 2010, 210 p.

ELIACHEFF (C.), SOULEZ LARIVIERE (D.), *Le temps des victimes*, Paris, Albin Michel, 2007, 293 p.

FASSIN (D.), *L'ombre du monde : une anthropologie de la condition carcérale*, Paris, Ed. Points, 2017, 657 p.

FASSIN (D.), *Punir : une passion contemporaine*, Paris, Seuil, 2017, 200 p.

FERRI (T.), *Qu'est-ce que punir ? Du châtiment à l'hyper-surveillance*, Paris, L'Harmattan, 2012, 249 p.

FERRI (T.), *Le pouvoir de punir : qu'est-ce qu'être frappé d'une peine ?*, Paris, L'Harmattan, 2014, 134 p.

FERRI (T.), *La compulsion de punir*, Paris, L'Harmattan, 2015, 115 p.

FOUCAULT (M.), *Surveiller et punir*, Paris, Ed. Gallimard, 1975, 360 p.

FOUCAULT (M.), *Dits et écrits*, tome IV, Paris, Ed. Gallimard, 1994, 895 p.

FRIZE (N.), *Le sens de la peine. État de l'idéologie carcérale*, Paris, Ed. Leo Scheer, 2004, 92 p.

GARAPON (A.), GROS (F.), PECH (T.), *Et ce sera justice : punir en démocratie*, Paris, Odile Jacob, 2001, 330 p.

GHELFI (F.) (sous la direction de), *Le droit de l'exécution des peines. Espoirs ou désillusions ?*, Paris, L'Harmattan, 2014, 153 p.

GIUDICELLI-DELAGE (G.), LAZERGES (C.), *La dangerosité saisie par le droit pénal*, Paris, PUF, 2011, 317 p.

HERZOG-EVANS (M.) (sous la direction de), *L'efficacité de l'exécution des peines*, Paris, Ed. Mare et Martin, 2014, 144 p.

JEANCLOS (Y.), *La peine, miroir de la justice*, Paris, Montchrestien, 2012, 160 p.

KELLENS (G.), *La mesure de la peine. Précis de pénologie et de droit des sanctions*, Liège, Faculté de droit, d'économie et de sciences sociales de Liège, 311 p.

LOPEZ (G.), *La victimologie*, Paris, Dalloz, 2010, 191 p.

MASSÉ (M.), JEAN (J-P.), GIUDICELLI (A.) (sous la direction de), *Un droit pénal postmoderne ? : mise en perspective des évolutions et ruptures contemporaines*, Paris, PUF, 2009, 400 p.

PAILLARD (B.), *La fonction réparatrice de la fonction pénale*, Paris, LGDJ, 2007, 352 p.

SALAS (D.), *La volonté de punir : essai sur le populisme pénal*, Paris, Hachette Littératures, 2005, 286 p.

TARDE (G.), *La philosophie pénale*, Paris, Cujas, 1972, 578 p.

TULKENS (F.), CARTUYVELS (Y.), GUILLAIN (C.), *La peine dans tous ses états – Hommage à Michel van de Kerchove*, Bruxelles, Larcier, 2011, 374 p.

VAN DE KERCHOVE (M.), *Quand dire, c'est punir : essai sur le jugement pénal*, Bruxelles, Facultés universitaires Saint-Louis, 2005, 330 p.

VAN DE KERCHOVE (M.), *Sens et non-sens de la peine : entre mythe et mystification*, Bruxelles, Facultés universitaires Saint-Louis, 2009, 613 p.

Thèses, mémoires et monographies

BOUGUESSA (K.), sous la direction de DI MARINO (G.), *L'individualisation et la personnalisation de la sanction pénale*, Mémoire en droit, Université d'Aix-Marseille, 2010.

DOISELET (E.), sous la direction de GIACOPELLI (M.), *La victime et la peine*, Mémoire en droit, Université d'Aix-Marseille, 2014.

HECK (I.), sous la direction de CIMAMONTI (S.), *La justice restaurative*, Mémoire en droit, Université d'Aix-Marseille, 2016.

MICHEL (A-L.), sous la direction de BONFILS (P.), *L'influence de la défense sociale nouvelle sur la matière pénale moderne*, Mémoire en droit, Université d'Aix-Marseille, 2008.

ROY (A.), sous la direction de PIN (X.), *Étude du principe d'individualisation en matière pénale*, Thèse en droit, Université Jean Moulin Lyon III, 2016.

TADROUS (S.), sous la direction de LAZERGES (C.), *La place de la victime dans le procès pénal*, Thèse en droit, Université Montpellier I, 2014.

TZUTZUIANO (C.), sous la direction de CIMAMONTI (S.) et DOUCHY-OUDOT (M.), *L'effectivité de la sanction pénale*, Thèse en droit, Université de Toulon, 2015.

ZENOU (S.), sous la direction de CIMAMONTI (S.), *La tendance victimo-centrée de la justice pénale*, Mémoire en droit, Université d'Aix-Marseille, 2008.

Textes de lois et décrets

Lois

Loi n° 2000-516 du 15 juin 2000 renforçant la protection de la présomption d'innocence et les droits des victimes, *JORF* n° 138 du 16 juin 2000, p. 9038.

Loi n° 2004-204 du 9 mars 2004 portant adaptation de la justice aux évolutions de la criminalité, *JORF* n° 59 du 10 mars 2004, p. 4567.

Loi n° 2005-1549 du 12 décembre 2005 relative au traitement de la récidive des infractions pénales, *JORF* n° 289 du 13 décembre 2005, p. 19152.

Loi n° 2007-297 du 5 mars 2007 relative à la prévention de la délinquance, *JORF* n° 56 du 7 mars 2007, p. 4297.

Loi n° 2007-1198 du 10 août 2007 renforçant la lutte contre la récidive des majeurs et des mineurs, *JORF* n° 185 du 11 août 2007, p. 13466.

Loi n° 2008-174 du 25 février 2008 relative à la rétention de sûreté et à la déclaration d'irresponsabilité pénale pour cause de trouble mental, *JORF* n° 48 du 26 février 2008, p. 3266.

Loi n° 2009-1436 du 24 novembre 2009 pénitentiaire, *JORF* n° 273 du 25 novembre 2009, p. 20192.

Loi n° 2010-242 du 10 mars 2010 tendant à amoindrir le risque de récidive criminelle et portant diverses dispositions de procédure pénale, *JORF* n° 59 du 11 mars 2010, p. 4808.

Loi n° 2011-939 du 10 août 2011 sur la participation des citoyens au fonctionnement de la justice pénale et le jugement des mineurs, *JORF* n° 185 du 11 août 2011, p. 13 744.

Loi n° 2012-409 du 27 mars 2012 de programmation relative à l'exécution des peines, *JORF* n° 75 du 28 mars 2012, p. 5592.

Loi n° 2014-896 du 15 août 2014 relative à l'individualisation des peines et renforçant l'efficacité des sanctions pénales, *JORF* n° 189 du 17 août 2014, p. 13647.

Loi n° 2017-1510 du 30 octobre 2017 renforçant la sécurité intérieure et la lutte contre le terrorisme, *JORF* n° 255 du 31 octobre 2017.

Loi n° 2018-703 du 3 août 2018 renforçant la lutte contre les violences sexuelles et sexistes, *JORF* n° 179 du 5 août 2018.

Décret

Décret n° 2007-1605 du 13 novembre 2007, *JORF* n° 265 du 15 novembre 2007, p. 18712.

Jurisprudence

Corpus de référence

Cass. crim. 10 octobre 1968, n° 67-92.262, *Bull. crim.* 1968, n° 248.

Cass. crim. 8 juin 1971, n° 69-92.311, *Bull. crim.* 1971, n° 182.

Cass. crim. 16 décembre 1980, n° 79-95.039, *Bull. crim.* 1980, n° 348.

Cass. crim. 22 juin 1999, n° 98-80.593, *Bull. crim.* 1999, n°142.

Cass. crim. 27 mai 2003, n° 02-84.136, inédit.

Cass. crim. 1er février 2017, n° 15-83.984, *Bull. crim.* 2017, n° 29.

Cass. crim. 1er février 2017, n° 15-84.511, *Bull. crim.* 2017, n° 29.

Cass. crim. 1er février 2017, n° 15-85.199, *Bull. crim.* 2017, n° 29

Cass. crim. 8 février 2017, n° 15-86.914, *Bull. crim.* 2017, n° 41.

Cass. crim. 8 février 2017, n° 16-80.389, *Bull. crim.* 2017, n° 41.

Cass. crim. 8 février 2017, n° 16-80.391, *Bull. crim.* 2017, n° 41.

Cass. crim. 30 janvier 2018, n° 16-87.072.

Cass. crim. 30 janvier 2018, n° 17-80.878.

Cass. crim. 30 mai 2018, n° 16-85.777.

Cass. crim. 27 juin 2018, n° 16-87.009

<u>*Principales décisions extérieures au corpus de référence*</u>

Cons. constit. 20 janvier 1994, n° 93-334 DC, *Loi instituant une peine incompressible et relative au nouveau Code pénal et à certaines dispositions de procédure pénale*, *JORF* n° 21 du 21 janvier 1994, p. 1380.

Cons. constit. 16 juillet 1996, n° 96-377 DC, *Loi tendant à renforcer la répression du terrorisme et des atteintes aux personnes dépositaires de l'autorité publique ou chargées d'une mission de service public et comportant des dispositions relatives à la police judiciaire*, *JORF* n° 170 du 23 juillet 1996, p. 11108.

Cons. constit. 22 juillet 2005, n° 2005-520 DC, *Loi précisant le déroulement de l'audience d'homologation de la comparution sur reconnaissance préalable de culpabilité*, *JORF* n° 173 du 27 juillet 2005, p. 12241.

Cons. constit. 21 février 2008, n° 2008-562 DC, *Loi relative à la rétention de sûreté et à la déclaration d'irresponsabilité pénale pour cause de trouble mental*, *JORF* n° 48 du 26 février 2008, p. 3272.

Cons. constit. 2 mars 2018, n° 2017-694 QPC, *M. Ousmane K. et autres [Motivation de la peine dans les arrêts de cour d'assises]*, *JORF* n° 52 du 3 mars 2018.

Cour EDH 25 avril 2013, n° 40119/09, *Canali c. France.*

Articles de doctrine

ABEL (O.), « Sens et non-sens de la peine », *Études théologiques et religieuses* 2005/2 (Tome 80), p. 177-187.

ANDRIANTSIMBAZOVINA (J.), « Une modernisation progressive du droit des détenus » in *Le droit des détenus : sécurité ou réinsertion ?*, Actes du colloque des 3 et 4 avril 2009 organisé par le GENEPI, Université de La Rochelle, Paris, Dalloz, 2010, pp. 159-165.

ANQUETIL (M.), BUFFARD (S.), CASTAN (Y.), PONCELA (P.), RAINGEARD DE LA BLETIERE (L-M.), ROBERT (P.), *La peine, quel avenir ?*, Actes du colloque du Centre Thomas More, 23-24 mai 1981, Paris, CERF, 1983, 157 p.

BÉAL (C.), DELIA (L.), « Punir a-t-il un sens ? », *Rue Descartes*, vol. 93, 2017, n° 3, pp. 1-7.

BÉAL (C.), « Justice restaurative et justice pénale », *Rue Descartes*, vol. 93, 2017, n° 3, pp. 58-71.

BENHAMOU (Y.), « Vers une inexorable privatisation de la justice ? », *D.*, 2003, p. 2771.

BENTHAM (J.), « Principes du Code pénal », in *Œuvres de Jérémie Bentham, jurisconsulte anglais*, Ed. E. Dumont, t. I, Bruxelles, Coster et Cie, 1829.

BENTHAM (J.), « Théories des peines légales », in *Œuvres de Jérémie Bentham, jurisconsulte anglais*, Ed. E. Dumont, t. II, Bruxelles, Coster et Cie, 1829.

BONIS-GARÇON (E.), « La fin de l'exécution de la peine », in GHELFI (F.) (sous la direction de), *Le droit de l'exécution des peines. Espoirs ou désillusions ?*, Paris, L'Harmattan, 2014, pp. 85-104.

BONIS-GARÇON (E.) (sous la direction de), « Pour une refonte du droit des peines : quels changements si les préconisations de la Commission Cotte étaient suivies ? », Actes du colloque du 1er avril 2016 organisé par l'Institut de sciences criminelles et de la justice, Université de Bordeaux, Paris, *Dr. pén.*, 2016, 226 p.

BOULAN (F.), « Le double visage de l'action civile exercée devant la juridiction répressive », *JCP*, 1973, I, 2563.

CARIO (R.), « La place de la victime dans l'exécution des peines », *D.* 2003, n° 3, chron., pp. 145-151.

CARIO (R.), « Médias et insécurité : entre droit d'informer et illusions sécuritaires », *D.* 2004, p. 75.

CARIO (R.), « Les droits des victimes : état des lieux », *AJ pénal*, 2004, n° 12, pp. 425-429.

CAUCHIER (J-F.), SAUVAGEAU (J.), « Le deuil des proches de victimes au service de la pénalité », in *La peine dans tous ses états – Hommage à Michel van de Kerchove*, Bruxelles, Larcier, 2011, pp. 237-251.

CHAUVENET (A.), ORLIC (F.), « Sens de la peine et contraintes en milieu ouvert et en prison », in *Déviance et société*, 2002, pp. 443-461.

CLOSE (F.), « Requérir la peine privative de liberté et son exécution », in *La durée et l'exécution des peines – Rapports de la journée du 22 avril 1988*, Liège, Conférence du Jeune Barreau de Liège, p. 25 et s.

COCHARD (M-A.), « La multiplication des peines : diversité ou dilution ? », *Dr. pén.*, n° 9, Septembre 2015, dossier 9, pp. 9-10.

COUVRAT (P.), « Dispositions générales et nouvelle organisation judiciaire de l'application des peines », *RSC*, 2004, pp. 682-687.

CUGNO (A.), « Quel sens donner au droit de punir ? », *Les cahiers de la justice*, 2010, n° 4, pp. 33-46.

DANTI-JUAN (M.), « Réflexion sur la nature de la phase exécutoire du procès pénal », in *Mélanges dédiés à Bernard Bouloc*, Dalloz, 2007.

DANTRAS-BIOY (H.), « L'application des peines : à la recherche du sens de la peine prononcée », *Dr. pén.*, 2015, n° 9, dossier 11.

DREUILLE (J-F.), « Le droit pénal de l'ennemi : éléments pour une discussion », *Jurisprudence. Revue critique*, Université de Savoie, 2012, pp. 149-164.

DREYER (E.), « L'objet de la sanction pénale », *D.* 2016, p. 2583.

DREYER (E.), « Pourquoi motiver les peines ? », *D.* 2018, n° 11, p. 576.

FORTIS (E.), « Ambiguïtés de la position de la victime dans la procédure pénale », *Arch. pol. crim.*, 1/2006, n° 28, pp. 41-48.

GASSIN (R.), « L'influence du mouvement de la défense sociale nouvelle sur le droit pénal français contemporain », *Aspects nouveaux de la pensée juridique : recueil d'études en hommage à Marc Ancel*, Paris, A. Pedone, 1975, t. II, pp. 3-17.

GASSIN (R.), « Les fonctions sociales de la sanction pénale dans le nouveau Code pénal », *Les cahiers de la sécurité intérieure*, 1994, n° 18, pp. 50-68.

GASSIN (R.), « Les fondements juridiques de la réinsertion des délinquants en droit positif français », *RSC*, 1996, n° 1, pp. 155-182.

GIACOPELLI (M.), « Libres propos sur la sanction-réparation », *D.* 2007, p. 1551.

GIACOPELLI (M.), « Victimes et application des peines », *RPDP*, 2007, n° 4, pp. 789-801.

GIACOPELLI (M.), « Quelle place pour la victime dans l'exécution des peines ? », in V. Malabat, B. Lamy et M. Giacopelli (sous la direction de), *La réforme du Code pénal et du Code de procédure pénale. Opinio doctorum*, Paris, Dalloz, 2009, pp. 325-338.

GIACOPELLI (M.), « La loi du 15 août 2014 relative à l'individualisation des peines et renforçant l'efficacité des sanctions pénales : un rendez-vous manqué », *AJ pénal*, 2014, n° 10, pp. 448-452.

GIACOPELLI (M.), « Approche critique de la courte peine d'emprisonnement », *Dr. pén.*, 2014, n° 2, pp. 14-20.

GIET (L.), « La prison, cette redoutable inconnue », *RDPC*, 1987, p. 3 et s.

GRANIER (J.), « Quelques réflexions sur l'action civile », *JCP*, 1957, I, 1386.

HERZOG-EVANS (M.), « Les articles 474 et 723-15 ou le sens retrouvé des courtes peines d'emprisonnement. Plaidoyer pour un artisanat judiciaire », *AJ pénal*, 2008, p. 274.

HERZOG-EVANS (M.), « Nouveaux enjeux dans l'application des peines », *AJ pénal*, 2011, pp. 177-181.

HERZOG-EVANS (M.), « Loi Taubira : derrière un angélisme de façade, quelques progrès sur fond de logiques comptables et répressives où l'équité et le réalisme comptent peu », *AJ pénal*, 2014, pp. 456-460.

HERZOG-EVANS (M.), « Chantier de la justice sur le sens et l'efficacité des peines : quelques très bonnes idées, mais beaucoup de confusions », *Dalloz actualité*, 22 mai 2018.

IMBERT-QUARETTA (M.), « Un regard sur le chantier de la justice : sens et efficacité des peines », *AJ pénal*, 2018, n° 2, p. 79

LAPEROU-SCHENEIDER (B.), « À la recherche d'une cohérence de l'exercice par les associations des "droits reconnus à la partie civile" », *Dr. pén.*, 2016, n° 7-8, étude 13.

LAZERGES (C.), « Le renforcement de la protection de la présomption d'innocence et des droits des victimes : histoire d'une navette parlementaire », *RSC*, 2001, p. 7.

LAZERGES (C.), « La défense sociale nouvelle a 50 ans », *RSC*, 2005, p. 165.

LAZERGES (C.), « La rétention de sûreté : le malaise du Conseil constitutionnel », *RSC*, 2008, p. 731.

LAZERGES (C.), « Le choix de la fuite en avant au nom de la dangerosité : les lois 1, 2, 3, 4, 5, etc. sur la prévention et la répression de la récidive », *RSC*, 2012, p. 274.

LEBLOIS-HAPPE (J.), « La redéfinition des finalités et fonctions de la peine - vers des principes directeurs en matière de peine ? », *Gaz. Pal.*, 2015, n° 143, p. 10.

LENA (M.), « Chantiers de la justice : synthèse des propositions », *AJ pénal*, 2018, n° 2, p. 79

LEROY (J.), « L'action civile répressive », in *La victime de l'infraction pénale, XXIIe congrès de l'Association française de droit pénal organisé par l'Institut de sciences criminelles de Grenoble et l'Association française de droit pénal les 15 et 16 octobre 2015 à Grenoble*, Paris, Dalloz, 2016, pp. 193-202.

MAYAUD (Y.), « L'évolution de la place de la victime dans le procès pénal », in *La victime : sossier publié par l'Ordre des avocats au Conseil d'État et à la Cour de cassation*, Paris, Dalloz, 2016, pp. 107-119.

MUCCHIELLI (J.), « Surpopulation carcérale, insalubrité à Fresnes : le recours au juge des référés est-il effectif ? », *Dalloz Actualité*, 13 juillet 2017.

PERRIER (J-B.), « La loi renforçant la lutte contre le terrorisme et l'atteinte à l'État de droit », *D.* 2018, p. 24.

PERRIER (J-B.), « La diffusion de la motivation : de la Constitution aux contraventions », *AJ pénal*, 2018, n° 9, p. 407.

PIN (X.), « La privatisation du procès pénal », *RSC*, 2002, p. 245.

PONCELA (P.), « Par la peine, dissuader ou rétribuer », *Archives de philosophie du droit*, T. 26, 1981, p. 65.

PONCELA (P.), « Peines et prisons : la régression », *RSC*, 2016, n° 3, pp. 565-575.

PRADEL (J.), « Peine prononcée et peine subie », *RPDP*, 2002, n° 4, pp. 661-675.

PRADEL (J.), « Quelques observations sur la courte peine d'emprisonnement en droit français », *RPDP*, 2007, n° 2, pp. 291-300.

PRADEL (J.), « Une double révolution en droit pénal avec la loi du 25 février 2008 sur les criminels dangereux », *D.* 2008, chron., p. 1000.

PRADEL (J.), « De l'application réelle des peines ? », *RFCDP*, 2013, n° 1, pp. 33-44.

PRADEL (J.), « La peine de probation (ou de contrainte pénale) sœur jumelle et inutile du sursis probatoire ? », *RPDP*, 2013, n° 3, pp. 517-519.

PRADEL (J.), « Un législateur bien imprudent. À propos de la loi n° 2014-8896 du 15 août 2014 », *JCP G.*, 2014, n° 38, étude n° 952, pp. 1642-1649.

PRIOU-ALIBERT (L.), « De la motivation des peines correctionnelles », *Dalloz Actualité*, 11 avril 2018.

ROBERT (A-G.), « La victime et la sanction pénale », in *La victime de l'infraction pénale, XXIIe congrès de l'Association française de droit pénal organisé par l'Institut de sciences criminelles de Grenoble et l'Association française de droit pénal les 15 et 16 octobre 2015 à Grenoble*, Paris, Dalloz, 2016, pp. 135-147.

ROBERT (J-H.), « Réforme pénale - Punir dehors - Commentaire de la loi n° 2014-896 du 15 août 2014 », *Dr. pén.*, 2014, étude 16.

ROBERT (P.), « Les effets de la peine pour la société », in *La peine, quel avenir ?*, Paris, Le Cerf, 1983, pp. 79-117.

ROBERT (P.), « Généalogies et recompositions pénales contemporaines », *Les cahiers de la justice*, 2010, n° 4, pp. 13-30.

ROBERT (P.), « Peine, récidive et crise sécuritaire », in *La peine, dans tous ses états – Hommage à Michel van de Kerchove*, Bruxelles, Larcier, 2011, p. 253-271.

SAAS (C.), « Le juge, artisan de la peine », *Les cahiers de la justice*, 2010, n° 4, pp. 71-85.

SALAS (D.), « Présence de la victime dans le procès et sens de la peine », *AJ pénal*, 2004, n° 12, pp. 430-431.

SALAS (D.), « Contre le populisme sécuritaire, une réforme pénale nécessaire », *Esprit*, 2014, n° 406, pp. 13-16.

SAYOUS (B.), CARIO (R.), « La justice restaurative dans la réforme pénale : de nouveaux droits pour les victimes et les auteurs d'infractions pénales », *AJ pénal*, 2014, n° 10, pp. 461-466.

SCHNAPPER (B.), « La récidive, une obsession créatrice au XIXème siècle », in *Congrès de l'Association Française de Criminologie : le récidivisme*, Poitiers, 7-9 octobre 1982, Paris, *P.U.F.*, 1983, p. 25-64.

SELLIN (J.), « Définir le sens de la peine : un travail de Sisyphe ? Le point de vue du juriste », *Rue Descartes*, vol. 93, 2017, n° 3, pp. 120-127.

SIZAIRE (V.), « Que reste-t-il de la défense sociale nouvelle ? », *RSC*, 2017, p. 261.

VAN DE KERCHOVE (M.), « Les fonctions de la sanction pénale - Entre droit et philosophie », *Informations sociales*, 2005/7, n° 127, pp. 22-31.

VAN DE KERCHOVE (M.), « Le sens de la peine dans la jurisprudence du Conseil constitutionnel français », *RSC*, 2008, n° 4, pp. 805-824.

Travaux préparatoires et parlementaires

CNCDH, « Avis sur le projet de loi relatif à la prévention de la récidive et à l'individualisation des peines », 27 mars 2014, 31 p.

COTTE (B.), « Pour une refonte du droit des peines », Paris, *La Documentation française*, 2015, 99 p.

COTTE (B.), MINKOWSKI (J.), « Chantiers de la justice : sens et efficacité des peines », Paris, *La Documentation française*, 2018, 42 p.

TULKENS (F.), « Pour une nouvelle politique publique de prévention de la récidive – Conférence de consensus : principes d'action et méthodes », Paris, *La Documentation française*, 2013, 33 p.

Projet de loi relatif à la prévention de la récidive et à l'individualisation des peines : étude d'impact, 7 octobre 2013, 123 p.

Projet de loi relatif à la prévention de la récidive et à l'individualisation des peines, n° 1413, 9 octobre 2013, 123 p.

Projet de loi de programmation 2018-2022 et de réforme de la justice – Rapport annexe, 20 avril 2018, 28 p.

Rapports parlementaires

CABANEL (G-P.), HYEST (J-J.), « Prisons : une humiliation pour la République », n° 449, Paris, *Les rapports du Sénat*, 2000, 775 p.

DE TOCQUEVILLE (A.), Rapport présenté au nom de la Commission chargée d'examiner le projet de loi relatif au régime des prisons, 5 juillet 1843.

GARRAUD (J-P.), « Réponses à la dangerosité », Rapport sur la mission parlementaire confiée par le Premier ministre sur la prise en charge des individus dangereux, Paris, *La Documentation française*, 18 octobre 2006, 253 p.

URVOAS (J-J.), « En finir avec la surpopulation carcérale », Rapport au Parlement sur l'encellulement individuel, Paris, *La Documentation française*, 2016, 70 p.

Articles de presse

« Le cri du cœur d'un père ébranle un juge », *Radio Canada*, 20 octobre 2005.

BADINTER (R.), « Ne pas confondre justice et thérapie », *Le Monde*, 6 septembre 2007.

WAUQUIEZ (L.), « Il faut rendre la castration chimique obligatoire pour les violeurs », *20 Minutes*, 3 mai 2018.

Table des matières

DROIT

AUX ÉDITIONS L'HARMATTAN

Dernières parutions

L'EXPLOITANT DE BANQUE ET LE DROIT AU TCHAD

Thomas Dingamgoto

De toutes les activités entrepreneuriales, le secteur bancaire est de celles qui font l'objet d'un encadrement législatif scrupuleux et d'une veille règlementaire permanente. Si l'histoire du droit bancaire tchadien est étroitement liée à celle du droit bancaire français, les textes législatifs et règlementaires des activités bancaires au Tchad ont connu des évolutions internes notables. Pour l'exploitant de banque comme pour l'ensemble des acteurs de la chaîne économique et financière, ces mutations rendent indispensables l'appropriation de ces normes nouvelles.

(Coll. Études Eurafricaines, 674 p., 49 euros)

ISBN : 978-2-343-16034-4, EAN EBOOK : 9782140104879

L'ÉGALITÉ DE L'HOMME ET DE LA FEMME DANS LE MARIAGE

Etude comparée des droits du Bénin, du Burkina Faso et du Mali

Aïssata DABO

Des États africains ont rénové leurs législations sur le mariage dans l'idée de les conformer au dispositif juridique international, qui place désormais l'égalité homme-femme au centre des débats. Toutefois, l'objectif est largement dévié par le pluralisme juridique qui demeure, en droit et en fait, un frein pour l'indifférenciation des droits des sexes. Cet ouvrage se propose de rechercher la mesure de l'égalité, en matière de mariage, réellement promue par les droits béninois, burkinabè et malien.

(Coll. Études africaines, 614 p., 49 euros)

ISBN : 978-2-343-15377-3, EAN EBOOK : 9782140105197

LA NATIONALITÉ ET L'APATRIDIE EN AFRIQUE

Charles Lasserre Yakite

Le droit à la nationalité est un droit humain fondamental reconnu par le droit international. Les apatrides ne peuvent se prévaloir de la protection de la nationalité et sont donc vulnérables à la privation de leurs droits. Les États africains doivent élaborer des cadres législatifs et mettre en place des politiques nationales pour lutter contre l'apatridie. Cet ouvrage vise à faire des recommandations à l'Union africaine et aux organisations internationales intéressées pour résoudre l'épineux problème de nationalité et de l'apatridie.

(Coll. Études africaines, 156 p., 17 euros)

ISBN : 978-2-343-15353-7, EAN EBOOK : 9782140104725

LE CONTENTIEUX DE L'ANNULATION AU CONGO

Lovane Lhakhy-Tsamby

Dans ce livre, l'auteur examine la question relative au contentieux de l'annulation, au Congo. Lorsqu'un acte administratif est entaché d'illégalité, il est susceptible d'annulation. Au Congo, l'annulation d'un acte administratif illégal relève de la compétence exclusive de la chambre administrative de la Cour suprême. La Cour constitutionnelle est exceptionnellement compétente pour annuler un acte administratif entaché d'illégalité lorsqu'il est pris dans le domaine électoral. Elle n'est pas juge de la légalité des actes administratifs au même titre que le juge administratif ordinaire.

(Coll. Harmattan Congo-Brazzaville, 120 p., 14 euros)

ISBN : 978-2-343-15430-5, EAN EBOOK : 9782140104305

PROTECTION DE LA QUALITÉ DES EAUX DOUCES AU CANADA ET DANS L'UNION EUROPÉENNE

Le partage des compétences

Claire Joachim

Cet ouvrage analyse l'organisation des rapports entre les ordres juridiques par le droit constitutionnel canadien et le droit de l'Union européenne. Cette étude est innovante car : la grille d'analyse du droit constitutionnel canadien a été appliquée à l'Union européenne. Ce qui met en évidence des mécanismes similaires dans le partage des compétences. Le domaine de la protection de la qualité des eaux douces a été choisi pour révéler les enjeux de ces relations dans une perspective globale. Ce travail fait ressortir que l'intégration européenne est accentuée par une centralisation des compétences. Ainsi, la sphère du pouvoir des états membres se vide progressivement de sa substance. Le droit entrerait donc en mutation à l'aune de la protection de l'environnement.

(Coll. Le Droit aujourd'hui, 546 p., 49 euros)

ISBN : 978-2-343-10974-9, EAN EBOOK : 9782140104541

LE BIEN-ÊTRE ANIMAL : DE LA SCIENCE AU DROIT

Sous la direction de Sophie Hild et Louis Schweitzer

Chercheurs, experts, membres de la Commission européenne ou du ministère de l'Agriculture se sont succédé pour répondre à plusieurs questions du plus haut intérêt : quelle définition scientifique donner au bien-être de l'animal ? Sur quels critères l'évaluer ? Quels droits nationaux ou internationaux le prennent-ils en compte ? Quels animaux sont concernés ? Quels obstacles s'opposent au souci d'assurer le bien-être animal ? Les réponses données conforteront les démarches à conduire en faveur de dispositions réglementaires nouvelles.

(Coll. Colloques et rencontres, 364 p., 37 euros)

ISBN : 978-2-343-15918-8, EAN EBOOK : 9782140104329

DROITS FONCIERS DES FEMMES ET DES CADETS SOCIAUX EN CÔTE D'IVOIRE

Cellule de Suivi et d'Analyse de la Mise en Oeuvre de la Loi sur le Foncier Rural

Le séminaire-atelier "Sécurisation des droits fonciers des femmes et cadets sociaux en milieu rural" tenu à Grand-Bassam en 2017 avait pour objectif d'identifier les dispositions, existantes ou à adopter, pour améliorer la sécurisation des droits fonciers des femmes et des cadets sociaux en milieu rural. Comment comprendre la nature des obstacles qui y nuisent, identifier et clarifier les dispositions qui existent dans le cadre juridique et institutionnel de la Côte d'ivoire ? les services centraux et décentralisés de l'Administration, Chambre des Chefs et Rois Traditionnels de Côte d'Ivoire, partenaires internationaux de développement, organisations professionnelles agricoles, notaires, juristes, géomètres, chercheurs, ONG, presse etc, tous sont concernés par cette problématique.

(Coll. Harmattan Côte-d'Ivoire, 192 p., 22 euros)

ISBN : 978-2-343-15394-0, EAN EBOOK : 9782140103728

L'UNIVERS CARCÉRAL, LA MÈRE DÉTENUE ET SON ENFANT

Elaine Mangin

Sur les 80 893 personnes écrouées en France au 1er février 2018, on dénombre 3103 femmes. 2482 sont détenues au sein d'un établissement pénitentiaire, exécutant une peine privative de liberté. Parmi elles, des mères de famille qui ont souvent la charge exclusive des enfants restés en milieu libre, mais aussi des femmes incarcérées avec leur bébé. Mais les efforts du droit positif et de la pratique pénitentiaire pour leur assurer le respect de la vie familiale et veiller au maintien d'un lien mère-enfant sain, des difficultés juridiques et psychologiques subsistent.

(Coll. Bibliothèques de droit, 158 p., 17,5 euros)

ISBN : 978-2-343-15834-1, EAN EBOOK : 9782140103681

CONSTITUTIONNALISME ET MÉTISSAGE CULTUREL AU-DELÀ DES DROITS DE L'HOMME

Salvatore Bonfiglio

Les sociétés multiculturelles demandent une réinterprétation des principes constitutionnels, capable de favoriser la cohésion sociale, notamment par l'extension des droits fondamentaux aux « non-citoyens ». Il s'agit de reconnaître à l'individu en tant que tel un statut de droits fondamentaux, pour affirmer ainsi le caractère à la fois moral et juridique de la dignité de la personne.

(Coll. Harmattan Italia, 208 p., 26 euros)

ISBN : 978-2-336-31233-0, EAN EBOOK : 9782140103193

LA PROCÉDURE

Sous la direction de Joanna Genovese et Giovanna Debernardi

La procédure est souvent perçue par les parties comme une source de difficultés supplémentaires dans la résolution d'un conflit. Elle est en réalité protectrice des droits des individus. Il n'existe pas qu'une procédure mais une pluralité. Il est question de procédure civile, de procédure collective, de procédure pénale... La procédure s'adapte en fonction des contraintes et besoins tant par la dématérialisation que la déjudiciarisation.

(Coll. Droit privé et sciences criminelles, 138 p., 16,5 euros)

ISBN : 978-2-343-15460-2, EAN EBOOK : 9782140102769

LE RECOURS AUX MODES ALTERNATIFS DE RÈGLEMENT DES LITIGES EN MATIÈRE DE PROPRIÉTÉ INTELLECTUELLE

Jean Tankeu

Préface de Joseph Fometeu

La mondialisation et le développement des échanges économiques posent de nouveaux défis en matière d'application des droits de propriété intellectuelle. Plus le commerce et les affaires s'intensifient au niveau international, plus la question des effets des droits de propriété intellectuelle et de leur application au-delà des frontières nationales devient pertinente. D'où le développement du contentieux non juridictionnel international de la propriété intellectuelle auquel l'auteur consacre cet ouvrage.

(326 p., 33 euros)

ISBN : 978-2-343-15648-4, EAN EBOOK : 9782140102653

MÉTHODOLOGIES DE LA SÉCURITÉ URBAINE

François Dieu, Bruno Domingo

Quelles sont les méthodologies de la sécurité urbaine ? Comment réaliser un diagnostic local de sécurité ? Quelles sont les précautions à prendre avec les chiffres de la délinquance ? Comment mesurer le sentiment d'insécurité et la victimisation ? Quelles sont les modalités de diffusion de l'information au sein des dispositifs de prévention ? Comment mettre en place un observatoire local de la délinquance ? En bref, comment impulser une réflexion objective et un partenariat dynamique pour une politique de sécurité efficace ?

(Coll. République et sécurité, 276 p., 28,5 euros)

ISBN : 978-2-343-15718-4, EAN EBOOK : 9782140102295

DROIT DES ENTREPRISES INDIVIDUELLES

Commerçant / Entreprenant / Bail à usage professionnel / Fonds de commerce / Vente commerciale / Commerce électronique

Cheikh Abdou Wakhab Ndiaye

L'entreprise est une notion moderne et polysémique qui n'a fait son apparition que très récemment dans le droit sénégalais. L'entreprise individuelle concerne le commerçant, personne physique, et l'entreprenant. Son droit est un véritable droit du développement. Il matérialise une volonté de promouvoir l'initiative privée par, d'une part, la facilitation des conditions d'accès au monde des affaires et, d'autre part, la mise en place d'un climat favorables aux investissements. Il est ainsi un creuset où les droits OHADA, UEMOA et sénégalais sont conjugués pour la réalisation de cette ambition.

(Coll. Harmattan Sénégal, 404 p., 40 euros)

ISBN : 978-2-343-15882-2, EAN EBOOK : 9782140102196

Structures éditoriales du groupe L'Harmattan

L'Harmattan Italie
Via degli Artisti, 15
10124 Torino
harmattan.italia@gmail.com

L'Harmattan Hongrie
Kossuth l. u. 14-16.
1053 Budapest
harmattan@harmattan.hu

L'Harmattan Sénégal
10 VDN en face Mermoz
BP 45034 Dakar-Fann
senharmattan@gmail.com

L'Harmattan Cameroun
TSINGA/FECAFOOT
BP 11486 Yaoundé
inkoukam@gmail.com

L'Harmattan Burkina Faso
Achille Somé – tengnule@hotmail.fr

L'Harmattan Guinée
Almamya, rue KA 028 OKB Agency
BP 3470 Conakry
harmattanguinee@yahoo.fr

L'Harmattan RDC
185, avenue Nyangwe
Commune de Lingwala – Kinshasa
matangilamusadila@yahoo.fr

L'Harmattan Congo
67, boulevard Denis-Sassou-N'Guesso
BP 2874 Brazzaville
harmattan.congo@yahoo.fr

L'Harmattan Mali
Sirakoro-Meguetana V31
Bamako
syllaka@yahoo.fr

L'Harmattan Togo
Djidjole – Lomé
Maison Amela
face EPP BATOME
ddamela@aol.com

L'Harmattan Côte d'Ivoire
Résidence Karl – Cité des Arts
Abidjan-Cocody
03 BP 1588 Abidjan
espace_harmattan.ci@hotmail.fr

L'Harmattan Algérie
22, rue Moulay-Mohamed
31000 Oran
info2@harmattan-algerie.com

L'Harmattan Maroc
5, rue Ferrane-Kouicha, Talaâ-Elkbira
Chrableyine, Fès-Médine
30000 Fès
harmattan.maroc@gmail.com

Nos librairies en France

Librairie internationale
16, rue des Écoles – 75005 Paris
librairie.internationale@harmattan.fr
01 40 46 79 11
www.librairieharmattan.com

Librairie l'Espace Harmattan
21 bis, rue des Écoles – 75005 Paris
librairie.espace@harmattan.fr
01 43 29 49 42

Lib. sciences humaines & histoire
21, rue des Écoles – 75005 Paris
librairie.sh@harmattan.fr
01 46 34 13 71
www.librairieharmattansh.com

Lib. Méditerranée & Moyen-Orient
7, rue des Carmes – 75005 Paris
librairie.mediterranee@harmattan.fr
01 43 29 71 15

Librairie Le Lucernaire
53, rue Notre-Dame-des-Champs – 75006 Paris
librairie@lucernaire.fr
01 42 22 67 13

www.ingramcontent.com/pod-product-compliance
Lightning Source LLC
LaVergne TN
LVHW010930061026
849535LV00007B/2325
* 9 7 8 2 3 4 3 1 6 4 6 1 8 *